悪い円安 良い円安

なぜ日本経済は通貨安におびえるのか

清水順子

日経プレミアシリーズ

はじめに

なぜ「悪い円安」が「良い円安」を凌駕するのか

２０２２年9月1日のニューヨーク市場では、米国の金融引き締めのさらなる加速という見方から円安がさらに進行し、約24年ぶりに1ドル１４０円台まで円は急落した。その後も円安は進行している。長らく円安は日本経済にとってはプラスになるといわれてきたが、今回のようにいわゆる「悪い円安」の影響が「良い円安」を凌駕してしまっている理由は何なのだろうか。

かつて「円安＝良い」という発想があったのは、日本からの輸出が多い時代が長かったからだ。ところが、その円安が今「悪い」といわれている。その理由は2つある。一つは、２０１１年の東日本大震災をきっかけに、日本の貿易収支が赤字になったことだ。天然ガスや石炭など化石燃料の輸入が増え、電気代などの値上がりを通じた企業や家計の負担増で、円安のマイナス面を意識せざるを得ないようになった。もう一つは、資源高と重なったことだ。2000年代以降、円相場も原油価格相場もいろいろな理由で乱高下してきたが、円安と資源高の時期がちょうど重なったのは、今回が初めてである。コロナ禍やロシアによるウクライナ侵攻で資源価格が高騰する中で資源価格高と円安が進み、負の側面が際立った。

金融緩和継続に批判高まる

急激な円安が進むにつれ、日銀の金融緩和策継続に対して批判的な声も目立つようになった。しかし、2022年7月21日の金融政策決定会合後の会見で、日銀の黒田東彦総裁は物価安定目標の持続的・安定的な実現を目指して金融政策を実施していく考えに変わりはないと述べた。一方、米連邦準備理事会（FRB）や欧州中央銀行（ECB）など海外中央銀行が利上げしたことで海外との金利差が拡大し、当面円安進行を食い止める手段はない。一部では政府・日銀による為替介入を期待する声もあるが、米国経済にとってドル高はインフレを抑制する点で歓迎されやすく、協調介入の可能性は低い。

金融政策の変更が望めない時点でできることは何か？　それは今回の「悪い円安」の原因を解明し、それをもとに日本経済の根本的な立て直し、すなわち構造改革を粛々と進めることである。

価格転嫁が苦手な日本企業

私が本書で一つ指摘したいのは、日本企業の貿易建値・決済通貨（インボイス通貨）選択による影響である。日本企業は、輸出も輸入もドル建てに偏って貿易をしている。仮に円建て輸出であれば、円安が急激に進む局面では、輸出相手国にとっては現地通貨建ての輸出価格が低下し、それによって日本製品は安くなって輸出が増えるという効果が期待できる。しかし、筆者が経済産業研究所（ＲＩＥＴＩ）で実施している「日本企業の貿易建値通貨と為替リスク管理に関するアンケート調査」によると、日本企業は相手国通貨建てで輸出し、現地の販売価格を安定化させる行動（ＰＴＭ行動）をとっている企業が多いということを確認できる。日本の輸出企業の多くは、為替変動時よりも製品のモデルチェンジの際に価格を改定することが多いので、今回の円安が輸出価格の低下を通じて輸出増につながることはあまり期待できない。しかも、近年、円建て輸出比率は増えないばかりか、むしろ若干低下傾向にある。輸入についても資源輸入などを中心としてドル建ての比率が高いので、輸入額は円安によってさらに増大するのは確実だ。そうしたことが今回の「悪い円安」の大きな原因になっていると考えられる。

ロシアは、今回のロシア・ウクライナ危機に対して実施された欧米の経済・金融制裁の中で、自国通貨ルーブルを非常にうまく使ってきた。国際銀行間通信協会（ＳＷＩＦＴ）から排除されるなどの制裁を受け、一時的にルーブルが急落したこともあったが、その際にはルーブル建てで原油を売る、ルーブル建てでなければ資源を輸出しないと要求する、国内輸出業者に輸出で手に入れたドルを売ってルーブルに替えるように指示を出す、などの手段により、ルーブルの急落をしのいだ。このロシアの行為は、自国通貨建てが経済安全保障という観点から重要な意味を持っていることを強く示したのである。一方、日本は円の国際化の旗印は揚げたものの、政策的な誘導もせずに企業の選択に任せてきた。その結果、円建て貿易のシェアは低いままである。今後は、政府主導で円建て取引を推進する価値があるではないだろうか。

本書の特徴

本書は、2022年初頭から急速に進行した円安について、為替相場、貿易収支、物価データなど様々なデータをもとに現状把握し、なぜ「悪い円安」といわれるようになっているのかについてわかりやすく分析したうえで、円安を好機とする望ましい政策について提案する。本書の特徴としては、以下2点を挙げる。

第1に、通常の理論的側面に加えて、筆者がこれまで研究してきた「日本企業の貿易建値通貨選択」という観点から、日本企業が2000年代に拡大した海外サプライチェーンと日本企業のドル建てに偏った貿易建値通貨選択が円安のプラスの効果を小さくしていることについて解説する点である。第2に、今後、円安のメリットを生かすためにはどのような政策を進めるべきかについて議論している点である。

日本の製造業を再構築するチャンスなのか

コロナ禍での中国のロックダウンなどにより、製造業のサプライチェーン（供給網）が打撃を受け、計画通り生産ができない製造企業も少なくない。こうした供給制約が解消しないと日本の輸出は増えにくく、貿易収支は赤字傾向が続く可能性がある。ＦＲＢが利上げを進め、日銀が金融緩和政策を継続すれば、日米の金利差が拡大して円安が続くのは経済学的にも明らかだ。

本書では、円安が日本の製造業を構造的に再構築する良い機会であるととらえ、円安を最大限に生かす政策を多方面で立ち上げることを期待している。これは政府、企業のみならず各自が考えるべきことである。本書がいろいろなレベルで円安を生かす積極的な提案を考える一助となれば幸いである。

２０２２年９月

清水順子

目次

第2章　日本経済の現状把握

第3章　円安と為替リスク管理

第4章　ドル建てに偏った日本の貿易建値通貨選択

第5章　いろいろな形で見る現在の円安

第6章　円安は続くのか

第7章　為替介入の効果はあるのか

第8章　円安を好機とする望ましい政策は何か

第 1 章

為替相場が 貿易収支に与える影響

本論に入る前に、清水、大野、松原、川﨑（2016）の『徹底解説 国際金融─理論から実践まで』に基づいて、為替相場が貿易収支に与える影響について簡単におさらいしておこう。

1　為替相場が貿易収支に与える自動調整機能

ドル建ての貿易収支とは

日本の米国に対するドル建て貿易収支を式で表すと以下のようになる。

日本のドル建て貿易収支
＝ドル建て輸出額－ドル建て輸入額
＝ドル建て輸出価格×輸出量－ドル建て輸入価格×輸入量
＝（円建て輸出価格÷**円ドルレート**）×輸出量－ドル建て輸入価格×輸入量

また、円建て貿易収支は次のようになる。

日本の円建て貿易収支
＝円建て輸出額－円建て輸入額
＝円建て輸出価格×輸出量－円建て輸入価格×輸入量
＝円建て輸出価格×輸出量－（ドル建て輸入価格×**円ドルレート**）×輸入量

この式から、為替レート（円ドルレート）が輸出入価格そして輸出（入）量の両面から日本の貿易収支に影響することが予想できる。

次ページの図表1－1は、為替相場による貿易収支の自動調整機能を示したものである。そもそもなぜ為替レート、すなわち2カ国間の通貨の交換比率が経常収支に影響するのだろうか。ここでは円安を例として、図表1－1の右上の「円安・ドル高」から順に考えてみよう。

輸出品あるいは輸入品の生産国での価格が一定である場合、円安は日本の輸出品の**外貨建て価格を下げる**一方で、輸入品の円建て価格を上げる効果を持つ。したがって、その他の条

図表1-1　為替相場が貿易収支に与える自動調整機能

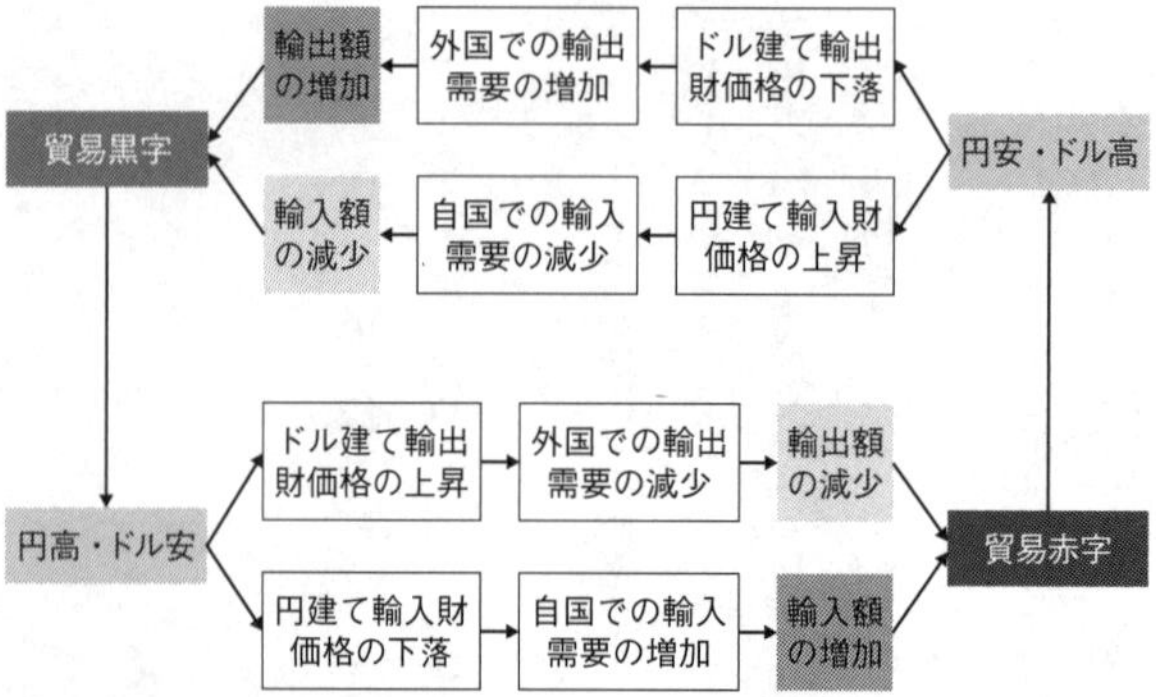

出所：筆者作成

件が一定であれば、円安は日本の輸出財の外貨建て価格の下落を通じて外国における需要量を増やす一方、輸入財の円建て価格の上昇を通じて日本における需要量を減らす効果を持つ。こうして、輸出額が増加し、輸入額が減少すれば、貿易黒字になる。貿易黒字になると、日本の企業が輸出で受け取るドルが輸入で支払うドルよりも多いので、その差額分、為替市場では輸出企業のドル売りが多くなる。その結果、今度は円高・ドル安になる。そうなると、今度はドル建ての輸出財価格が上昇し、円建ての輸入財価格が下落する。こうして、輸出額の減少と輸入額の増加が起こり、貿易赤字になる。

実際の経済では、為替相場以外の要因もあるため、為替相場が変化するだけで貿易収支が改善（悪化）するというわけにはいかないが、経済学の教科書的には、円安→貿易収支が改善（黒字）→円高→貿易収支の悪化（赤字化）という自動調整機能が期待される。

円安が日本の輸出・輸入それぞれにこのような効果を持つ場合に、円安が日本の貿易収支を改善する条件としては、いわゆる「マーシャル・ラーナーの条件」が必要となる。

経常収支（貿易収支）均衡（黒字・赤字が最終的になくなる）条件

（マーシャル・ラーナーの条件）：

自国の輸入量の価格弾力性　＋　外国の輸入量の価格弾力性　＞　1

ここで**輸入量の価格弾力性**とは、輸入品の価格が1％変化したとき輸入量が何％変化するかを示した値である。マーシャル・ラーナーの条件の直感的な説明は以下のとおりである。

本節最初の式を考えよう。為替相場が円安になると日本の輸出品のドル建て価格（ドル建て輸出価格）は安くなる（円建て輸出価格は一定を仮定）。そのため米国の日本の輸出品に対する需要量が増加、すなわち日本の輸出量が増加する。一方、円安は日本の輸入品の円建て価格（円建て輸入価格）を高くする（ドル建て輸入価格は一定を仮定）。そのため日本の米国からの輸入品に対する需要が減少し、その結果、日本の輸入量が減少する。

日本製品の輸入価格の弾力性

ここで以下の2つのケースを考える。一つは米国における日本製輸入品の輸入価格弾力性および、日本における米国製輸入品の輸入価格弾力性がともに高い場合である。例えば米国における日本製輸入品の輸入価格弾力性が1より大きい場合、円安は日本の輸出額を増加させる。なぜなら円安でドル建て輸出価格が1％下落すると、米国の輸入量は1％以上増加するからである。一方、円安により日本の米国からの輸入品の価格が上がると、同様に輸入量は減少するから、輸入金額は減少する。以上の結果、日本の米国に対する貿易黒字が増加する。

もう一つは、米国における日本製輸入品の輸入価格弾力性および、日本における米国製輸入品の輸入価格弾力性がともに低い場合である。例えば米国における日本製輸入品の輸入価格弾力性が1より小さい場合、円安は日本の輸出額をさほど増やさない。なぜなら円安でドル建て輸出価格が1％下落しても、米国の輸入量は1％未満しか増加しないからである。一方、円安により日本の米国からの輸入額は必ず増加する。

以上の結果、米国における日本製輸入品の輸入価格弾力性が低い場合、日本の米国に対する貿易黒字が減少する。以上の2つのケースで、前者はマーシャル・ラーナーの条件が成り立つ場合、後者は成り立たない場合である。

2　Jカーブ効果・為替レートのパススルー・PTM行動

輸出価格や数量は自由に動くという前提

前述のとおり、マーシャル・ラーナー条件においては自国・外国それぞれの輸入量の価格弾力性がカギとなる概念である。マーシャル・ラーナー条件についての議論の前提は、「輸入価格・数量ともに自由に動く」である。しかし実際には、為替レートの変化によって例えば輸入価格が変化しても、輸入数量はすぐには（大きくは）変化しない場合が多々ある。その場合、円高または円安が起こった直後では、マーシャル・ラーナーの条件が成り立たない可能性がある。

Jカーブ効果

一例として、1985年9月のプラザ合意後の日本の貿易収支動向を見てみよう（プラザ合意時の為替相場の動きについては第2章の図表2－1を参照のこと)。プラザ合意後に急速に円高が進んだが、その後のドル建てで換算した日米間の貿易黒字額は、当初縮小するどころかむしろ拡大した。プラザ合意から1年以上経過すると、日本の対米黒字は極めて緩やかながら縮小し始めた。[1] この動きを縦軸を貿易収支（上部が黒字)、横軸が時間というグラフで模式的に表すと、円高に対する日本の貿易黒字の反応を表す曲線がちょうどアルファベットのJを逆さにした形に似ている。このように為替レートの切り上げが短期的には貿易黒字を縮小させず、まず貿易黒字が拡大したのちに徐々に縮小に向かっていくという現象を、(逆) Jカーブ効果と呼ぶ。[2]

Jカーブ効果は為替相場変動による貿易収支改善の効果が短期には起こらず、ある程度の期間が過ぎたのちに表れるということを示しているが、現実の世界ではいわゆる「グローバ

1　1985年度の日本のドル建て対米貿易黒字が433億ドル余りであったのに対し、1986年度は520億ドル弱に増加した。1987年度は508億ドル余りとわずかながら減少した。

2　円安になっても最初は貿易赤字が増え、その後に黒字に転じることをJカーブ効果と呼ぶ。今回の円安で逆Jカーブ効果が表れる前兆は今のところない。

ルインバランス」という世界全体における貿易収支不均衡が長い期間にわたって持続したままである。このような状態をどう考えればよいのだろうか。為替相場が変動しても貿易収支不均衡が続く理由の一つとして、日本企業をはじめとする多国籍企業（本国だけでなく複数の国で活動する企業）の輸出市場における行動がある。

例えば、日本の輸出製造企業は、2000年代以降は先進国だけでなく新興国の企業も加わり、米国市場をはじめとする世界各国の市場で激しい競争に直面している。特に価格競争の観点からは、為替相場が動いたからといって現地での販売価格をその都度変更すれば、他国の商品との価格競争に負けて、市場シェアを失う恐れがあり、円高の影響をそのまま輸出価格に転嫁できないのである。

為替レート変化のパススルー

為替レートが変化したとき、ドル価格または円価格がどの程度変化したかを示す指標は、**為替レートのパススルー**（転嫁率）と呼ばれる。例えば、日本企業が対米に自動車を輸出するときの為替レートが1ドル＝100円の場合、1台200万円の自動車のドル建て価格は、200万円÷100円／ドル＝2万ドルとなる。ここで円安が進み、1ドル＝120円になったとしよう。この時、1台200万円の自動車のドル建て価格は上記と同様の計算から、200万円÷120円／ドル≒1万6700ドルに値下がりする。この場合、為替変動の価格への転嫁率は100％である。

当初の1ドル100円のときには、自動車会社が1台車を売ったときの手取りの円換算額は200万円だったが、もし2万ドルというドル建て価格をそのままにしておけば、1ドルが120円と円安になったときに手取りの円換算額は240万円に増える。このまま円安による円換算額増を享受したままにする場合もあれば、円換算額を当初予定の200万円のままにして、現地の販売価格を1万6700ドルに下げて、輸出量増を狙うこともできる。転嫁率を抑えて50％にしても輸出価格は引き下がるので、輸入量の価格弾力性がゼロでない限り、やがて輸出数量は増加する。それでも一度価格を引き下げると、次に円高に転じたときに価格を上げるのは難しいので、円安になっても価格を据え置きにするというケースも少なくない。

販売価格を一定に保とうとする日本企業

日本の輸出企業は、リーマンショック時の円高時になかなか価格を引き上げることができなかった。当時は円の独歩安であり、例えば輸送用機器企業において競争相手の米国車だけでなく、欧州車も韓国車もユーロや韓国ウォンの減価により、日本車と比較して相対的に値段が下がっていたので、そのようなときに日本車の値上げをすることはできなかったのである。円高時に耐え忍んだ日本の輸出企業は、アベノミクスの円安時に価格を下げることをあまりせず、円安によって増えた円換算手取り額を享受した。[3]

このように、為替変動にかかわらず、相手市場における販売価格を一定に保つ企業の価格設定行動を**市場別価格設定行動**（Pricing-to-Market：PTM）という。日本の輸送用機器メーカーの多くは、米国向けの輸出の際にはドル建てで輸出し、為替相場の変動にかかわらず現地でのドル建て価格を安定化させる戦略をとっている。これは、米国の自動車市場における需要の価格弾力性が（他国の市場に比べて）極めて高いことを意味しており、日本の自動車メーカーはそれを考慮して為替レートの変動に対処しなければならないのである。

3　交易条件

交易条件の悪化の2つの可能性

前述の議論とは別の視点から、為替相場、または財の国際価格の変動が貿易収支の水準を通じて日本の経済厚生に影響を与える場合がある。交易条件とは、輸出財の価格を輸入財の価格で割ったものである。この値は輸出財1単位の収入で輸入財を何単位買えるかを表すものであり、その値の増加は「交易条件の改善」と呼ばれる。例えば、輸出品の価格が100万円、輸入品の価格が20万円であれば、この時の交易条件は100万円÷20万円＝5であり、輸出品1単位の輸出で輸入品を5単位購入できることを表している。

3　清水・佐藤（2014）は、日本企業が為替変動にもかかわらず現地の販売価格を安定化する行動（ＰＴＭ行動）をとっているために、為替相場の変動が貿易収支を動かしにくくしているとし、実証分析によって２０００年代は為替相場が貿易収支改善の効果をもたらしていないことを示している。

交易条件の改善（悪化）には2つの可能性がある。一つは輸出品の価格上昇（下落）、もう一つは輸入品の価格下落（上昇）である。例えば輸出品の価格は100万円のままで輸入品の価格が50万円に上昇したとしよう。この時、交易条件は100万円÷50万円＝2へと悪化する。

悪化が続いた2000年代

交易条件に関する前述の定義および数値例は、議論を簡単にするために輸出財・輸入財ともに1種類だけとしている。実際には日本をはじめ多くの国はたくさんの財を輸出・輸入している。そのため、一般的に交易条件は輸出財価格を輸入財価格で割った数値、より具体的には輸出物価指数を輸入物価指数で割った数値で表される。2000年代を見ると、2008~09年を除いて、日本の交易条件は悪化を続けた。これは原油をはじめとする資源価格が2000年代を通じて高い水準であったことが影響している（第2章の図表2－2を参照）。

交易条件は、為替レートと財の国際価格（特に輸入財について、国際市場で決まる価格）それぞれに影響を受ける。前者についてはマーシャル・ラーナーの条件の議論で見たとおり、円安は輸入財の円建て価格を上げるため、輸出財価格が変わらなければ交易条件の悪化につながる。さらに、輸入財の国際価格の上昇は、為替レートの水準が一定であれば、交易条件の悪化につながる。資源の多くを海外からの輸入に依存する日本は、資源の国際価格の変動の影響に敏感であり、日本の経済厚生は輸入量の増減を通じてだけでなく、交易条件の変化からも影響を受けることになる。

為替レートのパススルーの度合い

最後に、交易条件はあくまで一国の経済全体に与える効果を一つにまとめたものであり、円高・円安が個々の経済主体に与える効果は、その主体がどのような対外取引に関わるかによって異なることを改めて指摘しておきたい。例えば、円安が常に輸出企業の収益に良い影響を与えるとは限らない。輸出企業であっても原材料などの輸入の生産コストに占める割合が高い場合は、生産コスト増が円安による収益を上回ることもありうる。外国からの輸入品を日本で販売する輸入企業にとっては、円安はまさに収益の悪化であり、これを国内での販売価格にどのように転嫁するかが問題となる（為替レートのパススルー）。

このパススルーの度合いは、国内での物価に大きく影響することになる。そして輸出・輸入のどちらにも関わらない企業、例えば日本国内でのみ活動するサービス産業の企業などは、生産コストが輸入に大きく依存しない限り、円高・円安のいずれも収益に直接はあまり影響しない。しかし、それでも例えば円安により輸送コストや電気代などが上昇すれば、その間接的な影響は無視できない。

以上、為替相場が貿易収支に与える影響について簡単に説明してきた。本書では、この後の議論で交易条件に加えて価格の変更、輸入の価格弾力性、為替レートのパススルー、PTM行動といった用語がポイントとなるので覚えておいてほしい。

第 2 章

日本経済の現状把握

２０２２年前半の日本経済は、貿易赤字の拡大と、ロシア・ウクライナ危機などでの資源価格高騰によるインフレ圧力の高まりに加え、円安の進行により貿易赤字の拡大が続いているが、日銀は金融緩和策継続のためこの円安を食い止める手段が当面ないのが現状である。まずは、日本経済の現状について、様々なデータを使って解説していこう。

1　円ドル相場の推移

まずは円ドル相場の推移について見てみよう。最初に超長期での円ドル相場の推移を概観し、そのうえで直近の相場の動きと原油価格の推移から現在の円安が「悪い円安」といわれるゆえんについて考えていこう。

円ドル相場の長期的な推移

円をはじめとする主要通貨の推移を見る前に、為替レートの種類を整理しておこう。

私たちがテレビ・新聞などの報道でよく目にする「1ドル＝100円」などの為替レートは、いわゆる名目為替レートである。これは、対象の2国の物価水準の（変化の）違いを考慮していないからである。[4] 一方、2国の物価水準の違いを考慮する為替レートを実質為替レートという。さらに2国の通貨の交換比率である為替レート（通常は名目レート）に加えて、実効為替レートと呼ばれるものがある。実効為替レートはある国の主要な貿易相手国それぞれの通貨との為替レートを当該国との貿易額でウェイト付けし、基準時の値が100になるように指数化したものである。実効為替相場の動きについては、後の章に譲るとして、まずは円ドルの名目為替レートを見ていこう。

図表2－1は1973年から2022年までの名目為替レート（円ドル）と為替相場に影響を与えた出来事を合わせて示したものである。

戦後のブレトンウッズ体制で決められた1ドル360円という固定相場が1971年8月

4 ある一時点での為替レートを考える場合には、名目と実質に分けて考える必要はあまりない。しかし、為替レートの時間的推移を見るうえでは、名目水準だけでなく、対象となる2カ国の物価水準の変化を考慮に入れてみるべきであるという点で実質為替レートも重要となる。

の金ドル交換停止、いわゆるニクソンショックで円高方向に修正された円相場は、1973年のスミソニアン協定を経て、変動相場制へと移行した。

その後、1970年代には第一次、第二次オイルショックの影響で一時的に円安方向に戻った時期もあったが、1970年代後半以降は1ドル300円台には別れを告げ、1980年代前半は1ドル＝200〜250円で取引されていた。しかし、米国は対日貿易赤字を理由にこの水準でもまだ円安すぎると判断し、1985年9月には先進5カ国（G5）蔵相・中央銀行総裁会議においてドル高是正としてプラザ合意が発表され、1985〜88年の3年間で大幅な円高が進んだことがわかる。[5] 1980年代は外国為替及び外国貿易法（外為法）改正で実需原則が撤廃されるなど、日本の対外資本取引に対する規制の緩和が進んだ時期でもある。

日本はプラザ合意・ルーブル合意で実現した円高局面のために不況に陥ったが（いわゆる円高不況）、日銀の低金利政策をはじめとする景気刺激策により、バブル経済、そしてそれに続く失われた20年という長期停滞を迎えることになる。円相場は、1990年代中盤まで円高傾向が続き、1995年4月にはその当時での最高値である1ドル79円75銭をつけるが、その後は反転し、1998年初めまでには1ドル150円手前まで円安が進んだ。

この時期には、1998年の外為法改正があり、特に企業の為替リスク管理手法に大きな影響を与えた。具体的には、金融機関を通さずに為替取引ができるようになり、大手輸出製造業などはファイナンスカンパニーを設立するなど、企業が能動的に為替リスク管理を行うことができるようになった。こうした為替リスク管理体制の構築は、その後の製造業の海外サプライチェーン拡大にも寄与することとなった。

2000年代前期は100円台前半で推移していたため、政府・日銀が大々的な為替介入を行い、1ドル100円台を死守するといった動きが見られた。その後は低金利政策を継続する日本に対して諸外国の金利は上昇したことから、その金利差を狙ったキャリートレード（金利が低い円を調達し、外為市場で円を売って金利が高い通貨で運用して利ザヤを稼ぐ取

5 プラザ合意後、G5各国はドル売り・円買いの協調介入を行い、その結果、図表2－1が示すように円高が急激に進んだ。プラザ合意以降の2年ほどの間に1ドル＝120円くらいまで円高が進んだが、対米黒字はすぐには大きな縮小に至らなかった。為替の変動が必ずしも経済理論通り貿易収支の改善に結び付かないことは、この時期にも実証済みだった。

引）が盛んに行われるようになり、円はドル以外の通貨に対しても円安に推移した。以後も緩やかな円安が続き、２００７年途中までの安定期を経て、２００８年9月のリーマンショックを契機に日本経済は5年以上にわたる超円高期を経験することになる。

２００８年のリーマンショックとそれに続く世界的な金融危機で、状況は一変する。２００８年に、すでに低金利であった日本以外のすべての国が政策金利を大幅に引き下げ、これにより日本と他国との政策金利の差はほとんどなくなった。前述のキャリートレードの巻き戻しが起こり、円は1ドル１００円台を割れて、90円台になった。２０１１年3月の東日本大震災も円高にさらなる拍車をかけ、その後1ドル80円台前後で取引され、２０１１年10月31日は歴史的最高値の1ドル75円32銭をつけた。

リーマンショック後4年以上にわたって続いた1ドル80円台レベルの円高は、特に輸出産業を中心として日本経済に大きな負担となった。同時に、この時期に50年以上にわたって政権を担ってきた自由民主党（自民党）から民主党への政権交代が起こり、２００９年9月以降、民主党政権の下で円高は放置されたままだった。２０１２年末に安倍晋三政権が誕生し、民主党から再び自民党に政権が移った。安倍政権が打ち出した経済政策、いわゆるアベノミクスは、特に日銀の金融政策の大きな変化を通じて、為替レートを円高基調から円安へと誘導する効果をもたらした。2012年末からはアベノミクスにおける大規模な異次元金融緩和を反映した円安期が訪れたのだ。

その後、2015年6月の中国株の大暴落、2016年6月の英国のEU離脱決定（ブレグジット）といった国際金融市場における不確実性が高まると円が買われるという、いわゆる「安全資産としての円買い」が起こるようになった。世界経済の不確実性が高まるニュースが流れると一時的に円高が進むという現象が見られたが、安全資産としての円買いはいつも短期的に終わり、2017年代以降は1ドル110円台という狭いレンジで安定的に推移していた。

2020年2月に突如として新型コロナウイルス感染症の拡大が中国から始まり、あっという間にパンデミックとして世界に広まった際にも円は一時的には円高方向に振れた。しかし、その後は1ドル110円台前後で推移していた。2022年2月のロシア・ウクライナ危機を背景に原油をはじめとする資源価格の高騰が鮮明化し、さらにFRBが新型コロナウイルス感染拡大の影響で一時中断していた利上げを2022年3月に再開したことを契機に

図表2-1　円ドル相場の長期推移（1973年〜2022年）

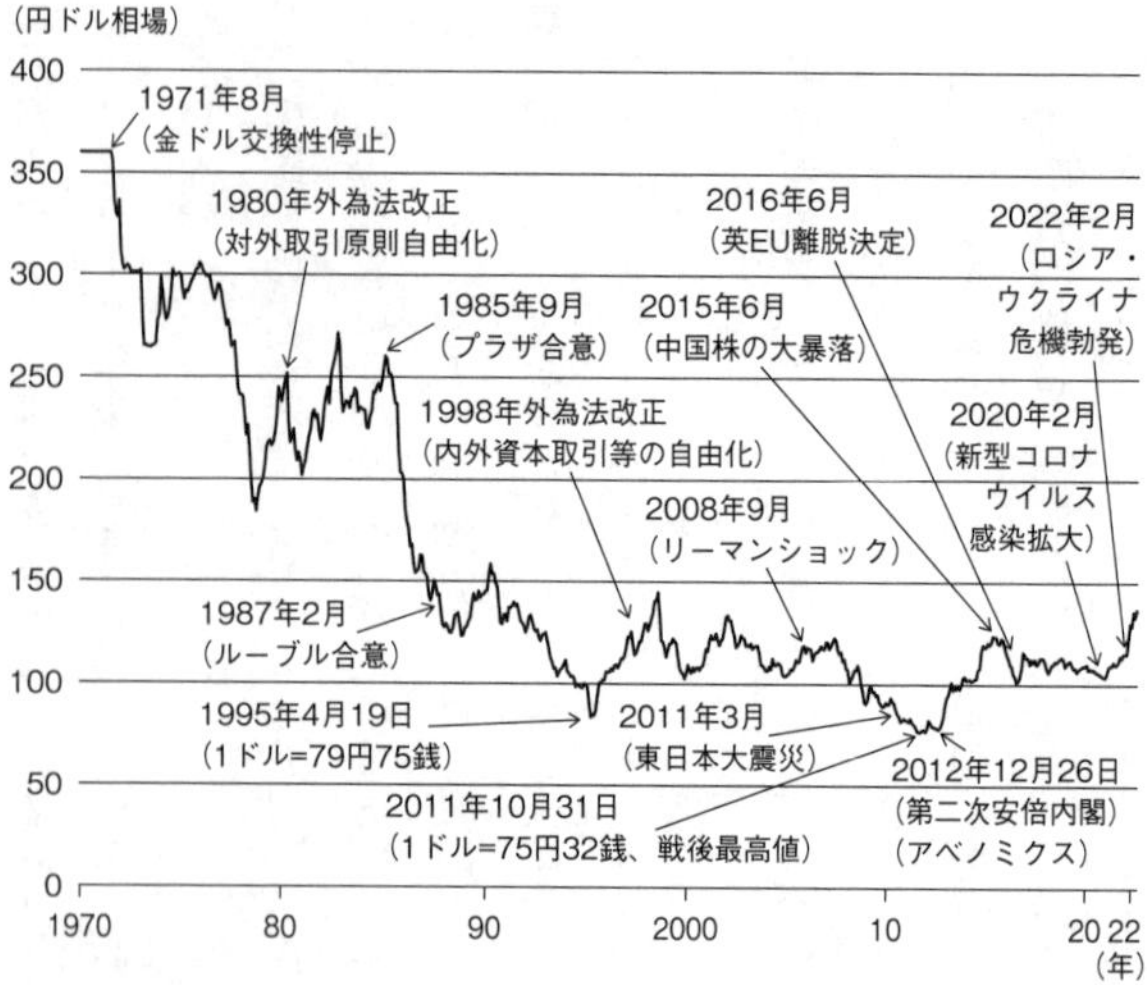

データの出所：日本銀行

円安が急激に進行し、9月1日には24年ぶりに1ドル140円台となっていった。

円ドル相場と原油価格の関係

次に、2000年代以降の円ドル相場と原油価格の推移を表した図表2－2を見てみよう。

原油価格は第二次オイルショックで1バレル40ドル台をつけた1980年代以降は、長期間にわたりおおむね1バレル10ドルから30ドルのレンジ内での動きだった。2000年代以降、原油価格が高騰したのは今回で2回目である。1回目は米国のサブプライムローン問題から金融不安が起こり始めた2008年7月であり、過去最高の1バレル147ドルまで上昇した。しかし、当時は為替相場が急激な円高に移行していた時期と重なっており、原油価格の高騰が円高により相殺された。その後、アベノミクスで円安が進行した際には、今度は原油価格が低下していったので、円安が資源価格高と重なることはなく、さほど問題にはならなかった。

新型コロナウイルス感染拡大が始まった当初の2020年4月には、世界的な景気悪化懸

図表2-2　円ドル相場と原油価格（2000年〜2022年）

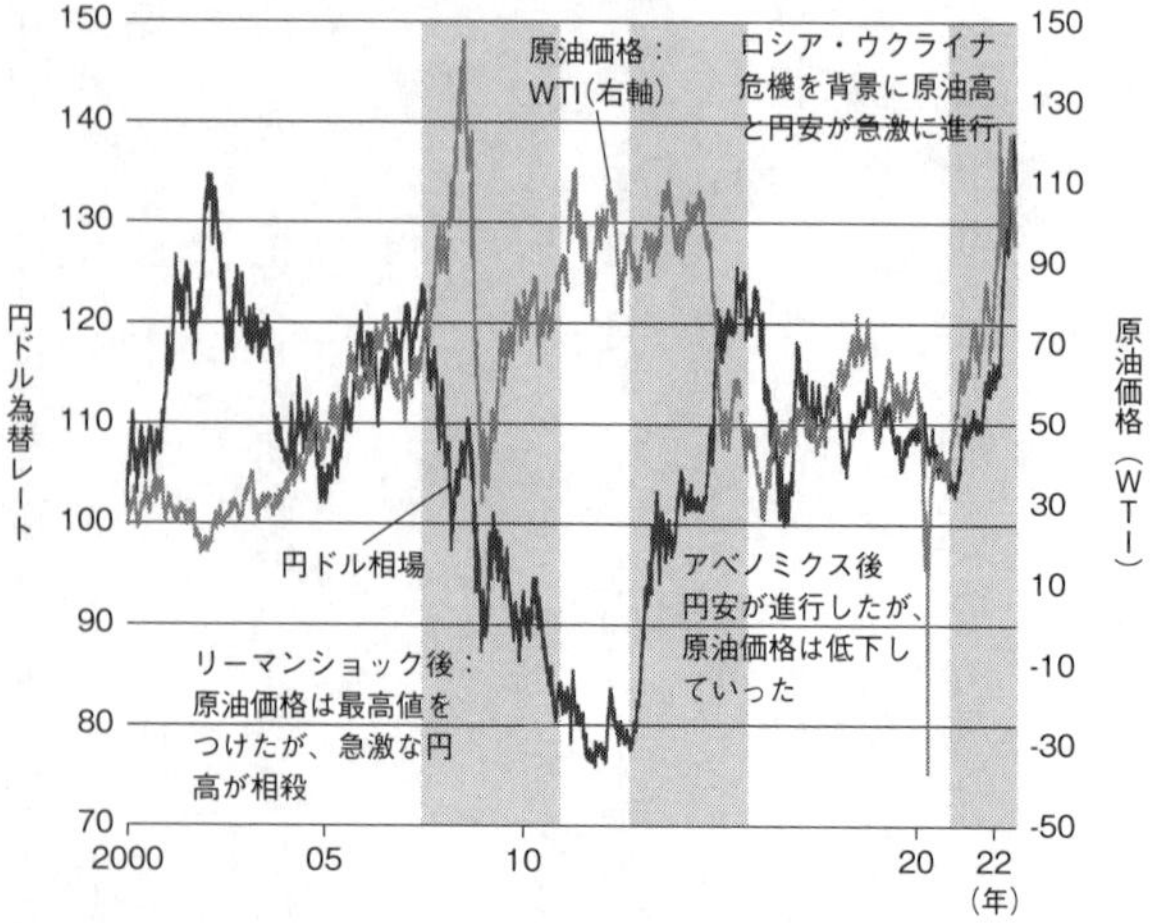

データの出所：日本銀行、CEIC

念が広がる中、2020年3月にOPECプラスの協調減算協議が決裂し、サウジアラビアとロシアがともに増産を表明したことで原油価格は急落し、1バレル18ドルまで下落した（先物価格は一時マイナス圏まで下落）。その後、原油価格はリバウンドし、2021年1月には1バレル50ドル台を回復し、それから徐々に上昇を続け、2022年2月以降はロシアによるウクライナ侵攻の影響で一段高となった。同年6月には1バレル120ドル台まで上昇した。この原油価格上昇とともに円安が急激に進んだというのが、今回の円安が「悪い円安」といわれる一つの大きな要因である。

2 日本の経常収支構造の変化

貿易収支は減少から赤字へ

円安が以前のように日本経済にとってプラスの影響をもたらさないもう一つの理由は、そもそも日本の経常収支構造が2000年代半ば以降に大きく変化してしまったからだ。20

22年8月8日に財務省が公表した2022年上半期の経常収支は3兆5057億円の黒字と、前年同期と比べて6兆円、率にすると63・1%の減少であり、1985年以降過去3番目に小さい黒字額となった。この主因は、5兆6688億円と過去2番目の大きさに膨れ上がった貿易収支赤字にある。それでも経常収支が赤字に転落しない理由は、海外への証券投資や子会社から受け取る配当などの「第一次所得収支」が円安の影響も受けて12兆8728億円と増加していたことによる。

図表2－3は1996年からの日本の国際収支（暦年）の推移を示したものである。ここから、2000年代半ば以降、日本の国際収支構造が大きく変化してきたことがわかる。第1に、経常黒字が2010年代に入って急速に縮小している（ピークは2007年の約24・9兆円）。貿易黒字も2004年の約14・4兆円をピークに大幅に減少しており、経常黒字減少は貿易黒字減少と同時に進んでいる。貿易黒字の2008年の大幅な落ち込みは、リーマンショックとそれに続く世界的な金融危機および不況の影響という輸出先の要因が大きかったが、2011年からの赤字は東日本大震災の影響という日本側の要因と考えられる。

しかしこうした一時的な外部要因に加えて、輸出額が2007年に約80兆円でピークを迎え

図表2-3 日本の国際収支の推移（1996年～2021年）

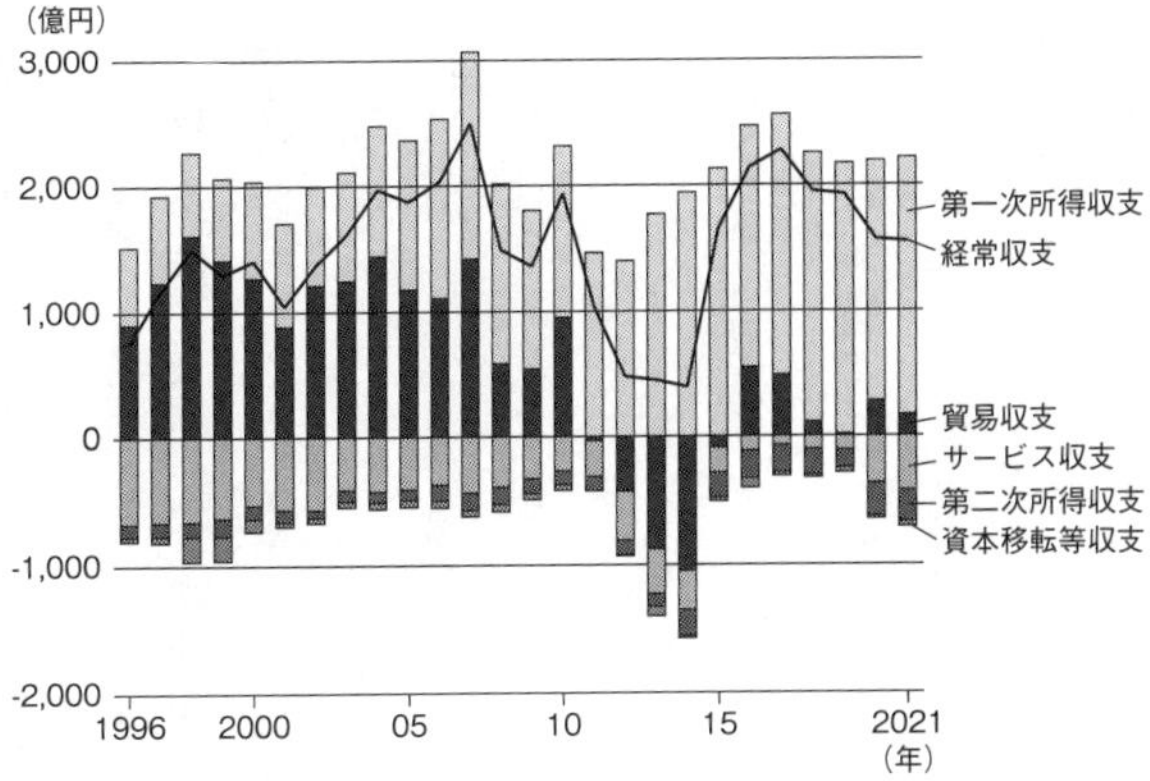

データの出所：財務省

た後で減少傾向になるのに対して、輸入額は２００９年に大きく落ち込んだ後はずっと上昇傾向にあることに注意すべきである。

第一次所得収支の黒字幅拡大

第２に、黒字幅が減少している貿易収支とは反対に、第一次所得収支の黒字幅が拡大している点である。第一次所得収支とは、外国との利子や配当などの受け払いの勘定が主な項目である。例えば、日本の居住者が外国企業の株式や社債を保有していた場合、これに伴う外国からの配当や利子の受領はプラスで計上される。経常収支の黒字を牽引している第一次所得収支の内訳を見ると、債券利子・

株式配当金を計上する証券投資収支と海外子会社からの配当金等を計上する直接投資収支に分けられる。証券投資収支の黒字幅は、2000年以降は徐々に拡大している。リーマンショック後、各国中央銀行が金融緩和を進める下で債券利回りが低下していることなどから、証券投資収支の黒字拡大テンポは鈍化しているものの、依然として対名目GDP比で見た第一次所得収支の黒字の半分程度を占めている。また、海外子会社からの配当金等を計上する直接投資収支は、海外子会社の設立やM&Aなど企業の海外進出の進展により拡大し、2019年以降は証券投資収支を若干上回り、第一次所得収支の最も重要な要素となっている。

サービス収支の赤字幅縮小

サービス収支は基本的にはずっとマイナスだが、赤字幅が徐々に縮小していることがわかる。サービス収支赤字の縮小の要因として、旅行収支の赤字縮小および知的財産権等使用料の拡大が大きいことの2つがある。

前者はいわゆるインバウンド（inbound：日本の国境内に入ってくる外国の居住者の意味）

である。特に2010年代に入って、アベノミクスによる円安や、アジア諸国に対するビザ免除プログラムの拡大等の日本の観光政策強化などを反映して、訪日外国人観光客の増加が順調に進んでいった。2015年以降、中国人観光客を中心とするインバウンド消費は、高額商品の購入や大量の商品購入などから「爆買い」と呼ばれ、訪日外国人観光客がもたらす経済効果として注目されていた。新型コロナウィルス感染拡大がなければ、日本のサービス収支は2020年には黒字に転ずると期待されていただけに、これは本当に残念であった。将来的には、日本の経常収支の黒字維持のためにはサービス収支を黒字化させることは必須条件となる。

国際収支の発展段階説

こうして見てみると、2010年代に経常収支黒字が持続できたのは貿易・サービス収支の赤字を第一次所得収支の黒字が穴埋めしている結果といってよい。一国の中長期的な対外資産の水準と経常収支の黒字または赤字の関係の議論として、「国際収支の発展段階説」(Crowther 1957)がある。これは一国の国際収支が経済発展とともに以下の6つの段階を経るという考え方である。

第1段階（未成熟な債務国）：経常収支は赤字であり、外国から資本を輸入して産業を育成する

第2段階（成熟した債務国）：貿易・サービス収支は黒字化するが、経常収支は依然赤字である

第3段階（債務返済国）：経常収支は黒字化し、黒字が対外債務の返済に充てられるようになる

第4段階（未成熟な債権国）：第一次所得収支が黒字化し、対外純資産がプラスとなる

第5段階（成熟した債権国）：貿易・サービス収支は赤字化するが、経常収支は依然黒字である

第6段階（債権取り崩し国）：経常収支は赤字となり、対外債権の取り崩し、および資本の輸入を行う

この国際収支の発展段階説は、かつて世界最大の債権国であった英米を念頭に生み出されたものであり、例えば現在の英米は第6段階にあるといってよいだろう。

日本は戦後の混乱期を経て、1980年代以降は製造業の対外競争力向上によって定着した貿易黒字が経常収支黒字を支えるようになった。しかし、2000年代以降に経常収支の構成割合は大きく変化している。2000年代後半以降のグローバル・サプライチェーンの拡大や現地生産拠点の増加により輸出額は伸び悩み、一方2011年の東日本大震災による原子力発電所の停止から鉱物性燃料輸入は増大し、輸出額と輸入額が均衡する規模となった結果、経常収支黒字に占める貿易収支黒字のウェイトは下がってしまった。

それに代わったのが、前述の第一次所得収支の増加である。その結果、日本は貿易・サービス収支の赤字を第一次所得収支の大幅な黒字で補うことで経常収支黒字を維持するという「成熟した債権国」に移行してしまった。

もし、海外に生産移転した製造業が海外子会社で儲けた分をすべて日本に配当として送るのであれば、貿易黒字が減少した分を第一次所得収支で補い続けることができるかもしれない。しかし、彼らの多くは海外子会社で儲けた所得すべてを高齢化が進み経済不振の日本には還流させず、需要が旺盛な海外に再投資している。今後も貿易・サービス収支の赤字が続き、このまま何もせずにいると、日本はいずれ最終段階の「債権取り崩し国」に近づいていく恐れがある。

直近の貿易収支の輸出入金額の推移を表したのが図表2－4の上図である。2017年以降、輸出入金額は拮抗していたが、2021年後半からの資源価格の高騰により、輸入額が輸出額をしのいでいる時期が多くなり、その差額が徐々に拡大しているのがわかる。輸出入金額の前年同月比を表した図表2－4の下図によれば、2022年7月時点での輸出額の伸び率は19・0％に対して、輸入額の伸び率は47・2％と2倍以上になっている。このような状況で円安になれば、円安のメリット（輸出）よりも円安のデメリット（輸入）が顕著となるのはあたりまえである。

図表2-4　貿易収支の輸出入金額の推移と同年前月比伸び率

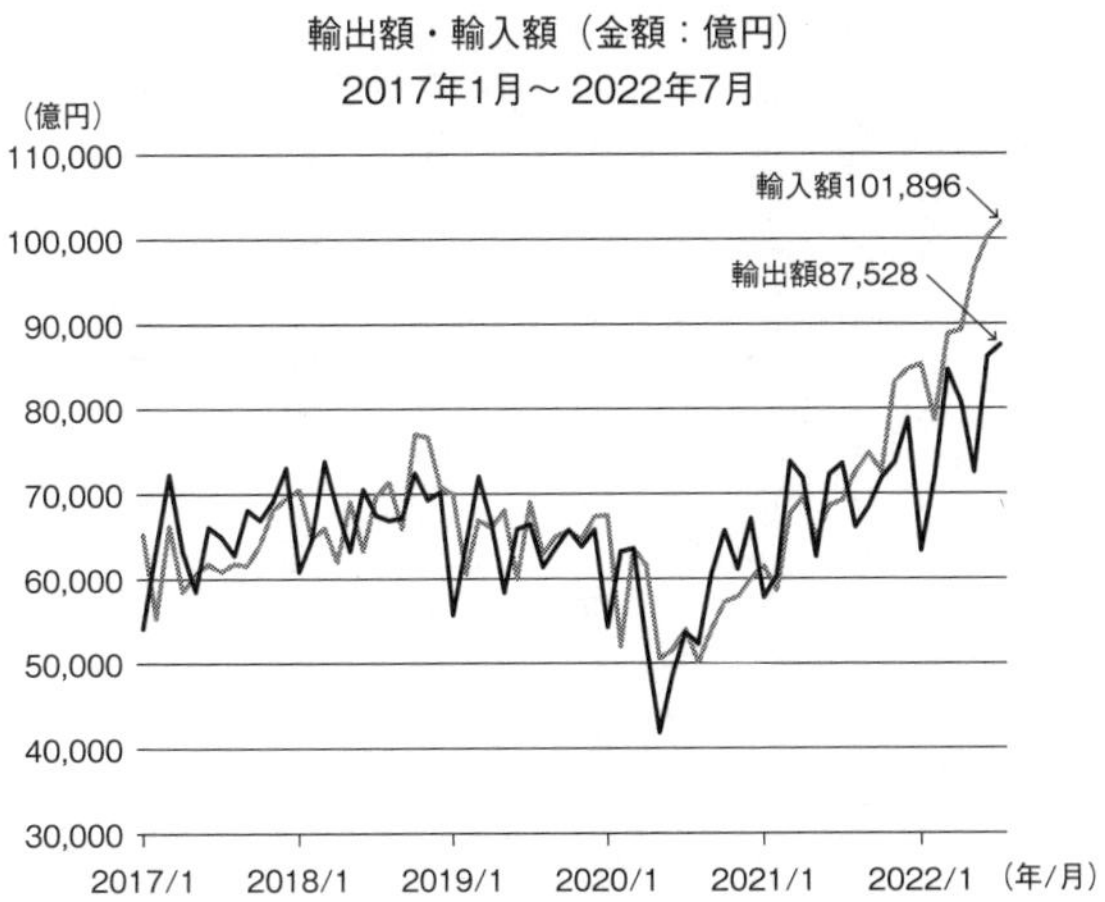

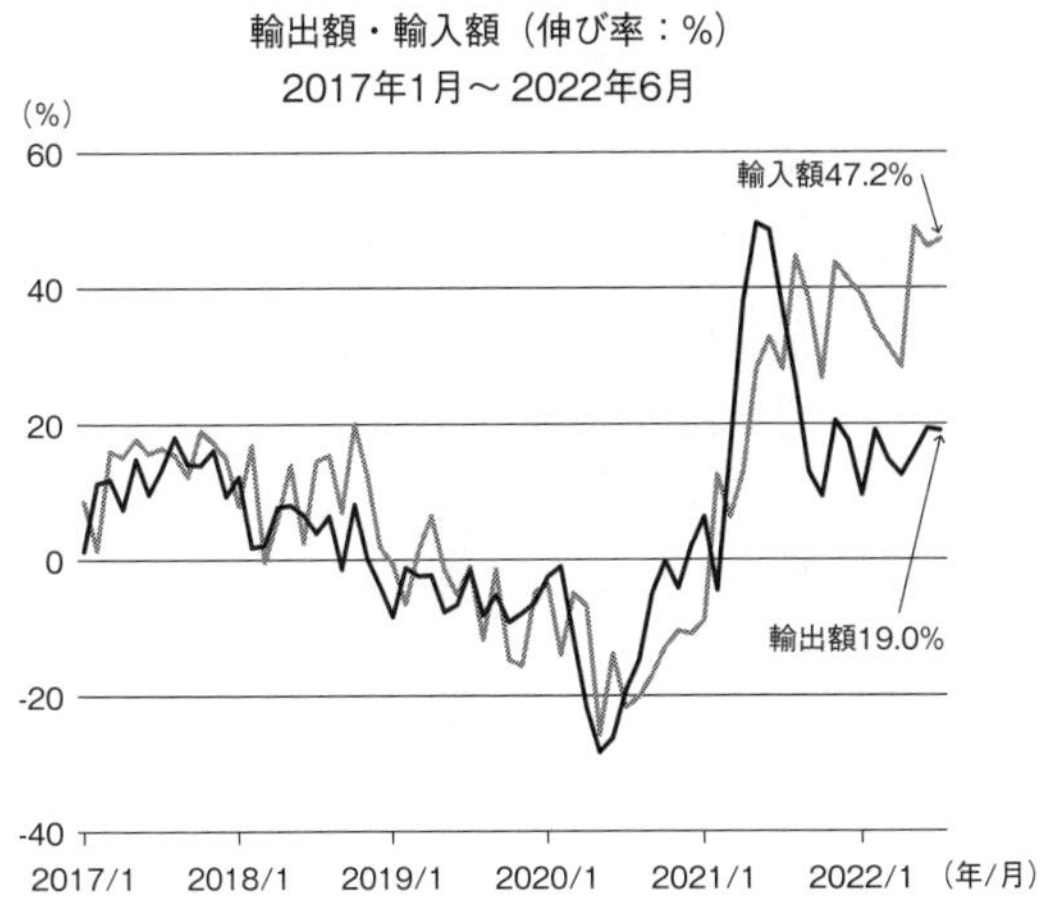

出所：財務省「貿易統計」2022年7月は速報値。伸び率は漸減同月比（%）。

3　日本の交易条件の推移

円安による富の国外流出を懸念

円安と原油高が同時に進むと何が悪いのか？　これを明確に説明できるのが第1章で説明した「交易条件」という概念である。交易条件とは、前述のとおり輸出財1単位でどれだけの輸入財と交換できるかという量を表す数値であり、貿易での稼ぎやすさを示す指標といわれる。通常、交易条件は輸出物価指数と輸入物価指数の比で算出され、輸出物価の上昇や輸入物価の下落で交易条件の数値が大きくなれば、その国の貿易環境が良くなっていることを示す（この場合を改善、あるいは好転という）。為替相場はそれぞれの価格に影響を与えるため、例えば円安になって輸入物価が上昇すれば、交易条件は低下（悪化）することになる。今回の円安がさらに続けば、交易条件の悪化から富の国外流出につながりかねないと懸念されている。

内閣府が2022年2月に公表した「日本経済2021－2022 ―成長と分配の好循環実現に向けて―」に沿って、実際に輸出入の物価データをもとに交易条件を算出したのが図表2－5である。交易条件は、日銀が公開している円ベースの輸出物価と輸入物価のデータを使い、以下の式で求めることができる（図表2－5はリーマンショック以前の2005年1月を100として算出している）。

交易条件＝輸出物価（円ベース）÷輸入物価（円ベース）

為替レート変動の影響

交易条件は、前述のとおり原油・原材料の価格変動だけでなく、為替レート変動の影響を受ける。基本的には、円高であればそれだけ円の購買力が高まることになるので、交易条件は改善する。実際に、図表2－5を見ると、2008年9月以降の急激な円高により輸入物価（円ベース）が大幅に下落し、交易条件の数値が上昇しているのが示されている。2013年以降にアベノミクスの影響で円安が進行したときには交易条件は若干低下したものの、前述したとおり2014年以降に原油価格が急落したことにより輸入物価（円ベース）も低

図表2-5　交易条件の推移（2005年=100）

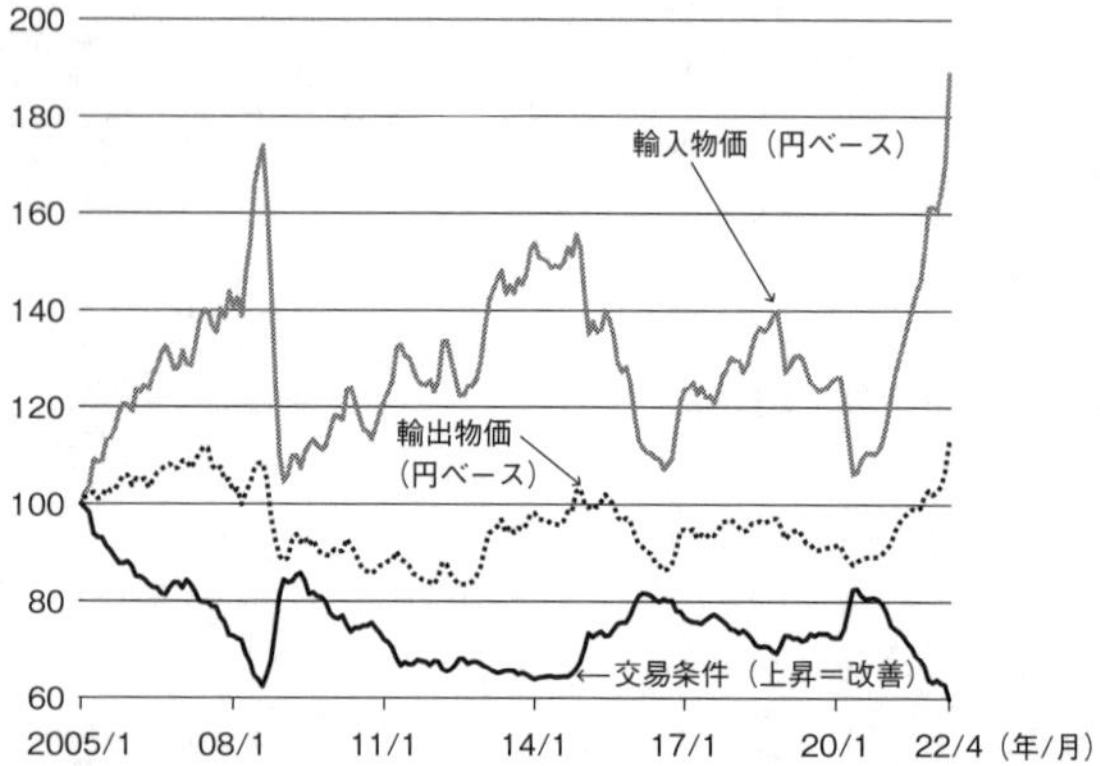

データ：日本銀行の輸出入物価データをもとに筆者が作成

下に転じ、その後、交易条件は好転した。しかし、2021年初以降の交易条件を見ると、円ベースの輸入物価は輸出物価以上に上昇しており、その結果として交易条件の低下（悪化）が続いている。

交易条件の悪化について、もう少し詳しく見てみよう。図表2－6は、日本経済新聞2022年9月9日付の横浜国立大学佐藤清隆教授の「経済教室」で示された交易条件の要因を分解したものである。

佐藤教授は、2021年からの交易条件の低下をもたらした要因として、以下2つの点を指摘している。

第1に、原燃料価格高騰の影響である。図中の原燃料価格要因が特に2021年初頭に原油価格の上昇トレンドが開始した以降マイナスとなり、その後価格上昇と合わせて大幅なマイナスとなっている。

第2に、今回の急激な円安の影響であり、図の為替要因でその影響を測ることができる。為替要因とは円ベースと契約通貨ベースの物価指数の差として算出している。図の点線は、輸出価格の為替要因（プラス）から輸入価格の為替要因（マイナス）の差「ネットの為替要

図表2-6　交易条件の要因分解（2012年1月〜2022年7月）

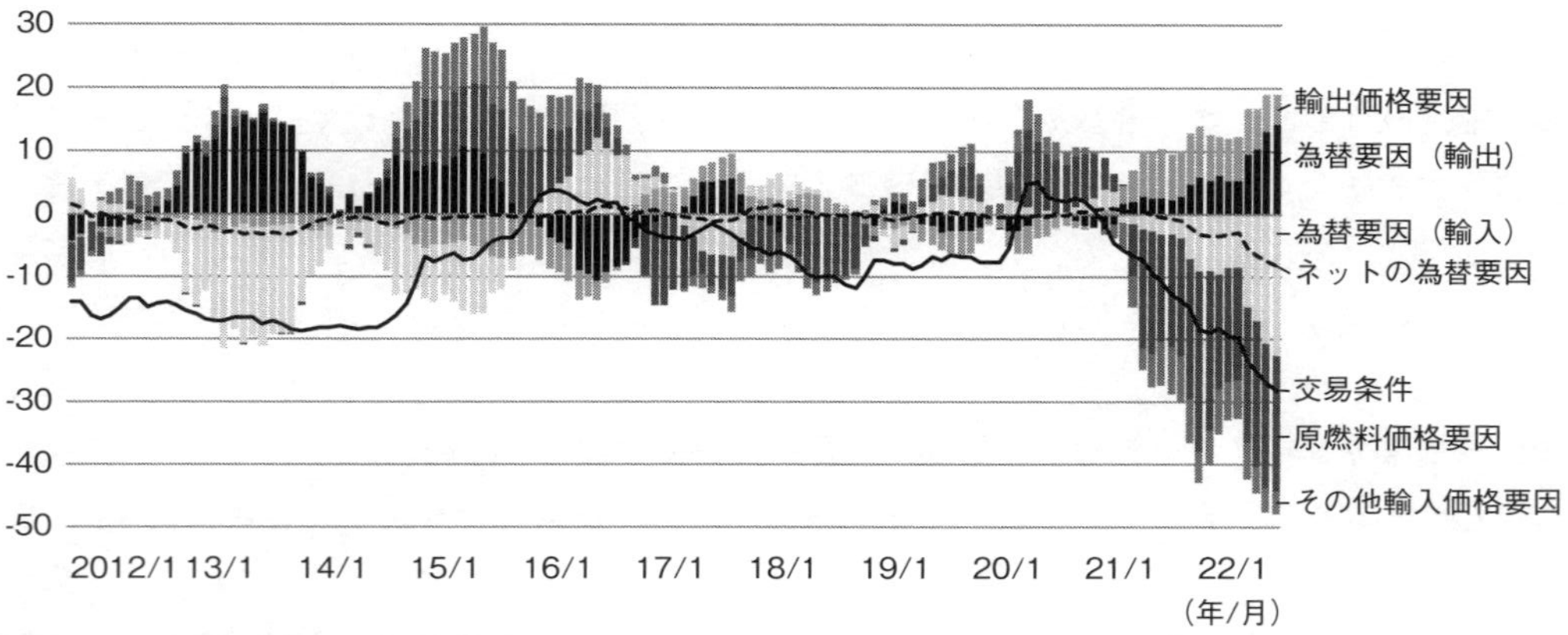

出所：日本経済新聞「経済教室」（2022年9月9日付）

因」であり、輸出入の両方を考慮した為替変動の影響を示している。

アベノミクス下の円安局面ではネットの為替要因は最大で3・2%ポイントのマイナスだったが、今回の円安局面では2022年7月時点で8・2%ポイントのマイナスであり、アベノミクス時の倍以上のマイナスであることがわかる。輸出物価も上昇しているが、これはアベノミクスでは見られなかった現象である。日本以外の世界では2020年以降は物価が上昇していることから、輸出企業が資源価格高騰などによるコスト増の一部を輸出価格に転嫁しているのではないかと推察される。全体としては、今回の円安局面では、資源価格の上昇と円安により、輸入物価の上昇が大きく災いして交易条件が大きく悪化していることが確認できる。

4　日本の物価指数の推移

消費者物価と企業物価

前節で、交易条件において輸入物価の動向が指摘されていることを紹介した。そこで、次は、輸入物価と日本国内の主要物価指数の動向について見てみよう。日銀が金融政策を行ううえで注視しているのは消費者物価指数（ＣＰＩ：Consumer Price Index）である。消費者物価指数は、消費者が購入する財やサービスの物価であるが、これとは別に企業間で取引される財の物価としては企業物価指数（ＣＧＰＩ：Corporate Goods Price Index）がある。

第一次産品の高騰と円安

図表２－７は、２０２１年１月以降２０２２年７月までの輸入物価指数とＣＰＩとＣＧＰＩ（すべて２０２０年基準のデータを２０２１年＝１００の数値に変換している）の動向を

図表2-7 輸入物価指数とCPI・CGPIの動向（2021年1月=100）

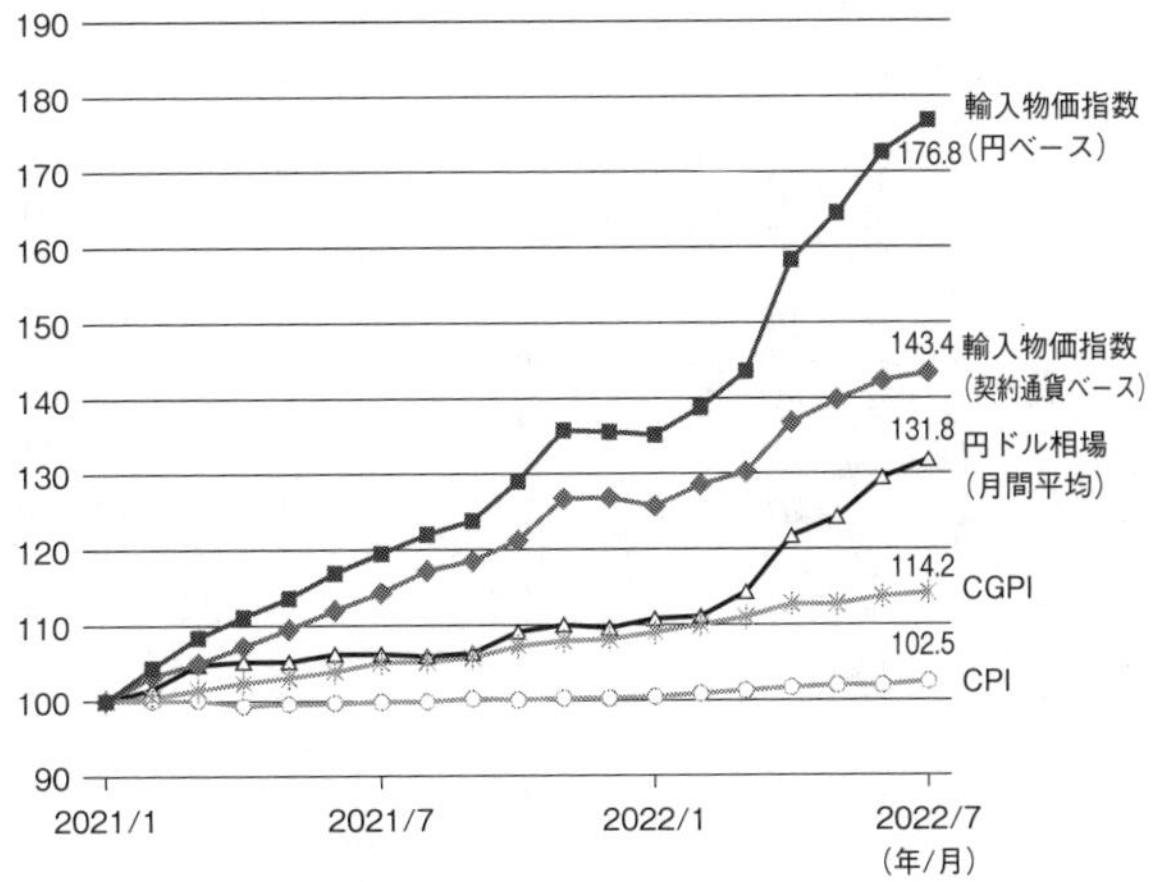

データ：日本銀行、総務省

表したものである。輸入物価指数は前述のとおり資源価格など第一次産品の輸入価格高騰と円安を反映していることから、2022年7月には円ベースでは176・8、契約通貨ベースでも143・4と高騰している。円ドル為替レートは、2021年1月を100として指数化すると、2022年7月時点で131・8となっている。このことは、円ベースの輸入物価の上昇のうち為替の影響は2分の1弱程度であり、そもそも輸入されている財の価格が上がっていることがわかる。

CGPIも輸入物価指数が上昇に転じてから4カ月後の2021年前半から上昇が続いており、8月10日に発表された7月のCGPI（速報値、2020年平均＝100）は114・5（図中は114・2）、前年同月比8・6％と上昇した。前年の水準を上回るのは17カ月連続であり、1980年12月以来の高い伸びが続いている。ロシアによるウクライナ侵攻に伴う供給制約への懸念で原材料価格が高止まりし、企業間で原材料費の上昇を価格に転嫁する動きが広がっている。一方、CPIは2021年以降ほとんど変化がなかったが、2022年4月以降は2％台の上昇が続き、7月には2・6％の上昇となった。CPIの中でも生鮮食品およびエネルギーを除く総合指数になると、その伸び率はまだ低く、2022年

4月になって初めてプラスとなり、7月には1・2%の上昇だった。輸入物価指数、CGPIと比較すると、それらの上昇が消費者物価に与える影響はまだ小さいことがわかる。今後、どの程度の消費者物価の上昇が起こるのかについては注意が必要である。

5　輸出入物価指数の動向

円安で円建て手取りが増える

第1章で、教科書的な説明としては円安が輸出価格の低下を通じて輸出量を増加させ、貿易収支を改善するという話をした。今回の円安局面は2022年初めから始まったので、輸出価格に影響が出ているのかどうかを判断するのはまだ早計かもしれないが、次に輸出物価指数の動向について見てみよう。

図表2－8の上図が示すように、輸出物価全体（総平均、契約通貨ベース）は2021年1月以降2022年6月までに11・1%上昇している。主要6産業の中で輸出物価を押し上

図表2-8　財別の輸出価格の推移（2021年1月=100）

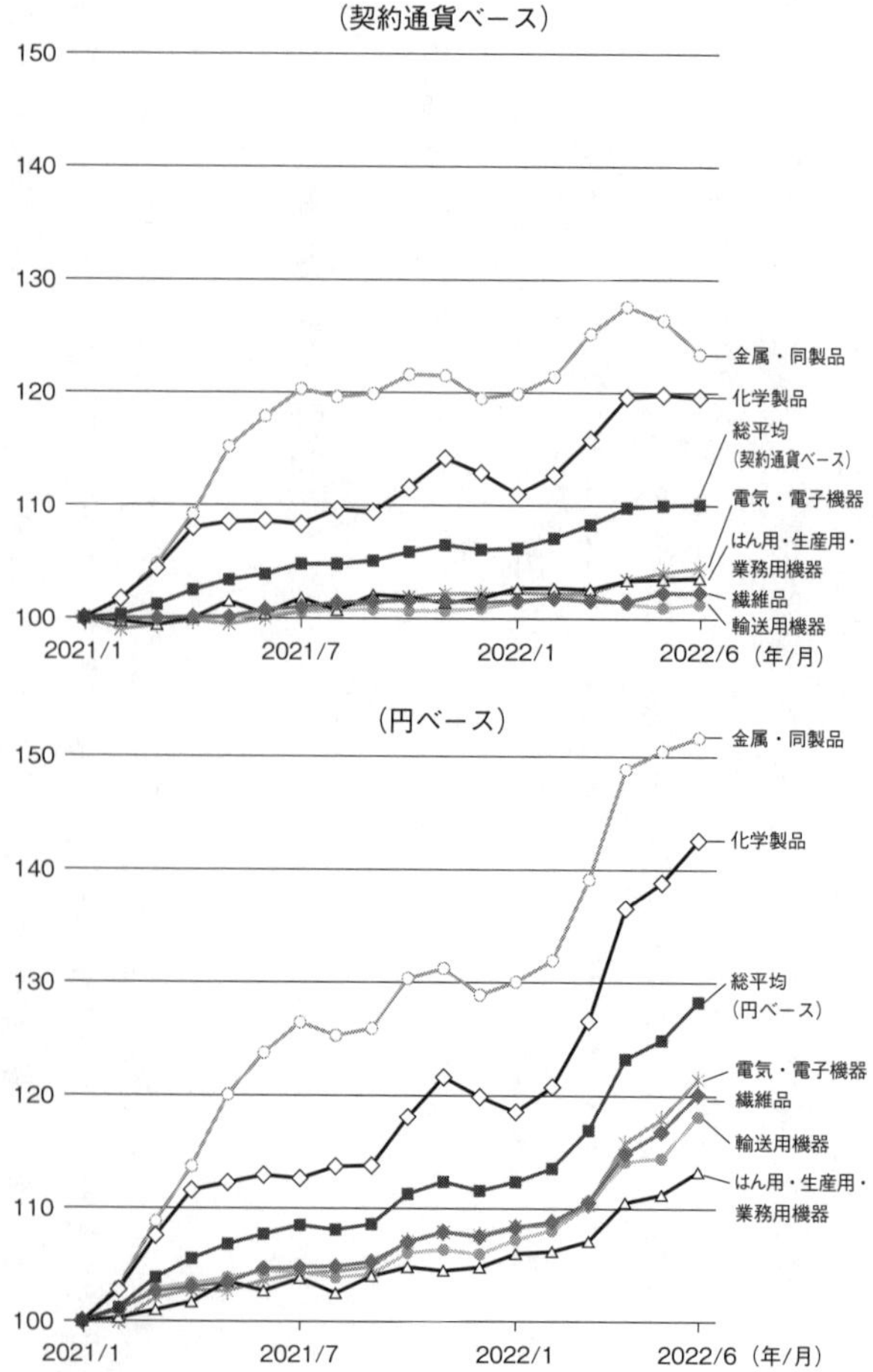

データの出所：日本銀行
すべての数値は2011年1月=100として再計算している。

げているのは「化学製品」と「金属・同製品」であり、これらはそもそも原材料の値上げが価格上昇の一因となっている。一方で、「一般機械」「電気・電子機器」「輸送用機器」の輸出物価の伸びはごくわずかであり、2021年1月以降の上昇幅が最小なのは輸送用機器の1・3%である。

第1章で説明したように、日本の輸出製造企業はできるだけ現地の販売価格を安定化させる行動（PTM行動）をとり、価格変更は年1回、あるいはモデルチェンジ時のみという傾向にある。円安トレンドが顕著となった2022年の新年度以降も輸出価格を下げていないということは、日本企業の多くが円安による価格低下による市場シェア拡大よりも、ドル建て価格は据え置いて円安の効果としての円建て手取り金額の増分を享受することを優先していることを示している。

図表2－8の下図を見ると、財別の輸出価格の推移（円ベース）は、全体的には円安が進行した分を上乗せした形で推移している。好意的に解釈するならば、2012年までの歴史的円高局面で、高付加価値で競争力の高い企業のみが日本国内から輸出を行うようになっており、円安になっても価格を下げる必要がないと考えることもできる。「円安になると輸出

図表2-9　財別の輸入価格の推移（2021年1月=100）

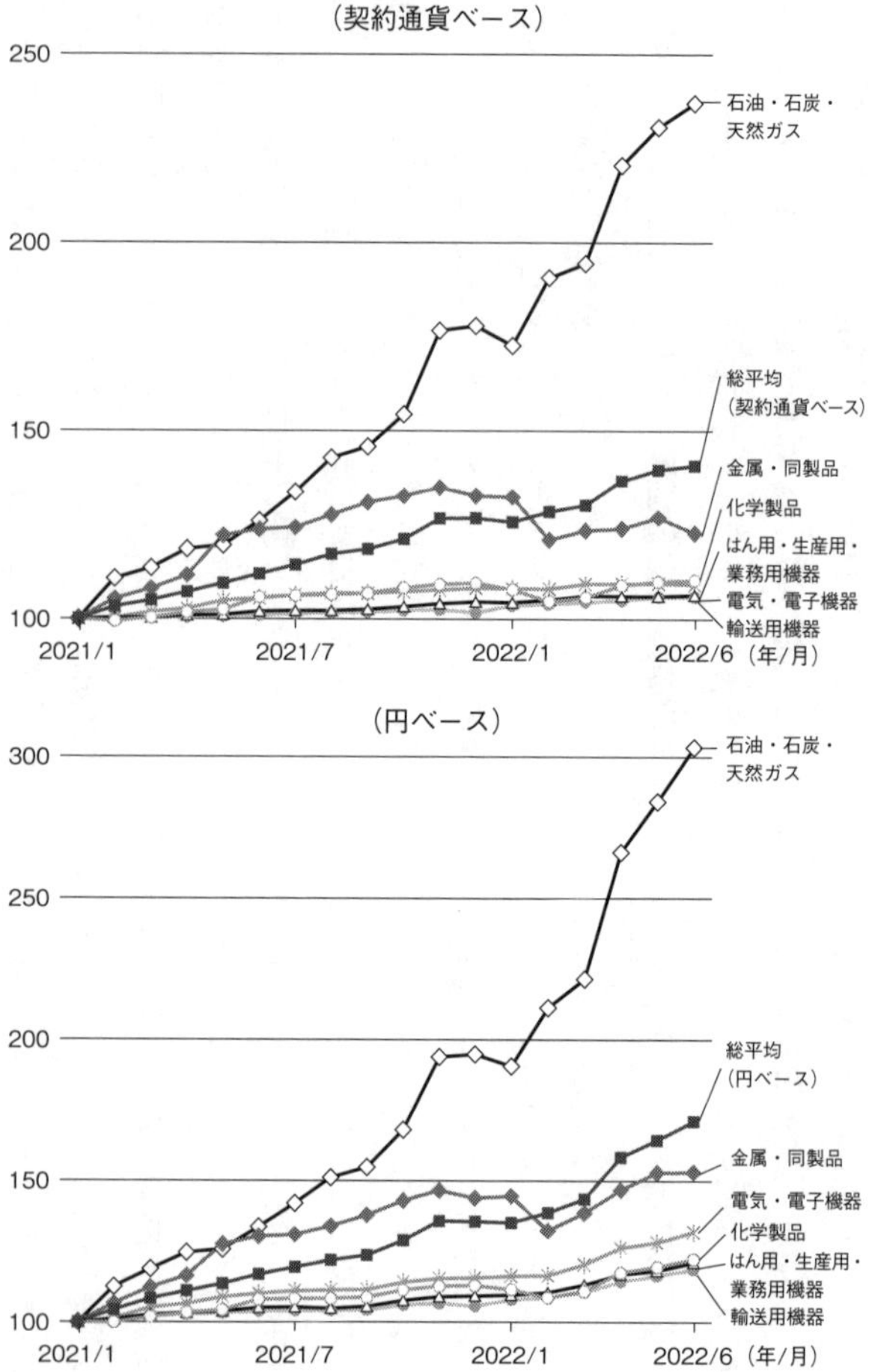

データの出所：日本銀行
すべての数値は2011年1月=100として再計算している。

価格が低下し、輸出量が増えて日本経済には「プラスだ」という効果は現時点（2022年9月上旬時点）では見られないようだ。

財別の輸入価格の推移

図表2－9は、財別の輸入価格の推移を表したものである。これによると、輸入物価指数（総平均）の上昇率は契約通貨ベースでは図表2－8に示した輸出物価指数（総平均）の約4倍となっている。

上図が示すとおり、輸入物価全体（契約通貨ベース）は2021年1月以降2022年6月までに40・8％上昇している。特に石油などの鉱物性燃料の輸入物価の上昇が136・9％と顕著である。製造業関連では「電気・電子機器」が9・2％と最大の上昇幅になっている。円ベースでの輸入物価全体はさらに大きく71・1％の上昇となっているが、この上昇分の3分の2が物価そのものの上昇であり、為替減価による影響は全体の3分の1程度であることがわかる。こうした輸入物価の高騰も貿易赤字拡大の一因だ。

今回の円安が輸入価格を押し上げ、インフレの原因になっていることが指摘されているが、円安以上に世界的な資源価格の高騰を背景とした世界全体での物価の上昇が日本にも押し寄せているということである。米国が強いドルを容認しているのは、それが世界的な物価上昇の防衛策でもあるからだ。

6　円安は輸出を増やしているか

貿易量に表れるタイムラグ

前述のように、輸出価格は今回の円安時に少なくとも低下はしていないようだが、輸出量はどうなっているだろうか。第1章のJカーブ効果のところで説明したように、為替相場の変動が貿易量（金額ではなく）の変化として表れるまでには時間がかかる。円安の場合、当初は円建ての輸入単価が上昇して貿易赤字が増えるが、国内市場では割安な国産品に需要が移り、海外市場では割安な日本製品がシェアを拡大して輸出数量が増え、結果的には貿易収支が改善されるというJカーブ効果が期待される。

図表2-10 実質輸出と円ドル為替相場の推移と、財別実質輸出の推移

実質輸出と円ドル為替相場の推移
(季節調整済み、2015年＝100、2015年基準)

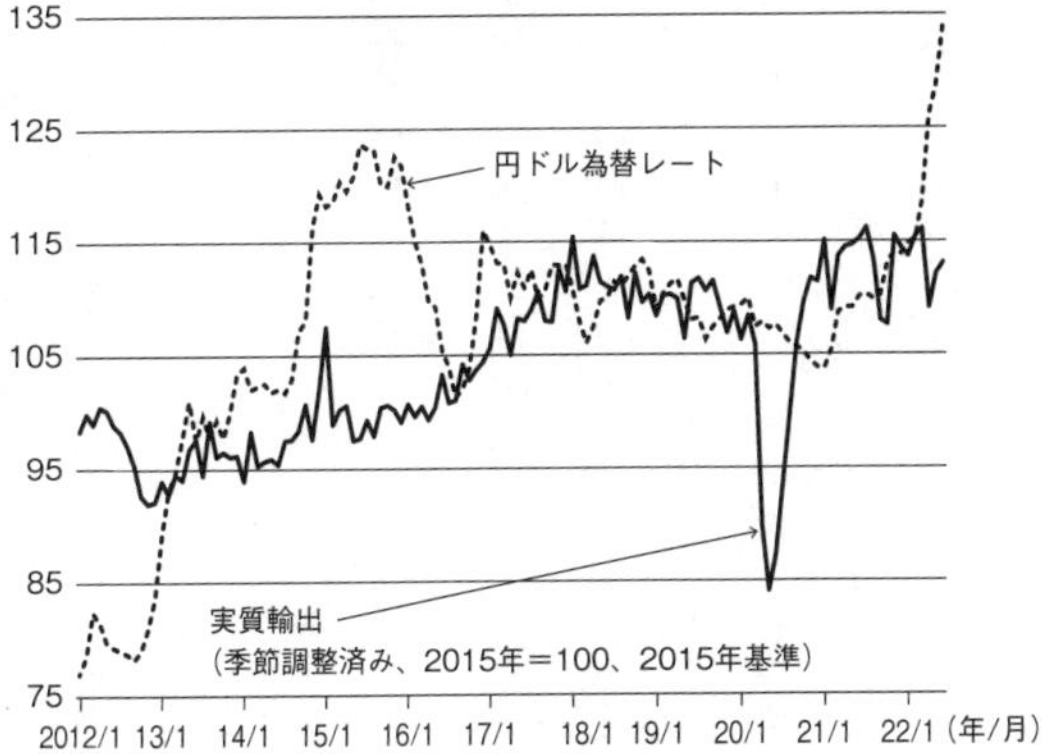

財別実質輸出の推移
(季節調整済み、2015年＝100、2015年基準)

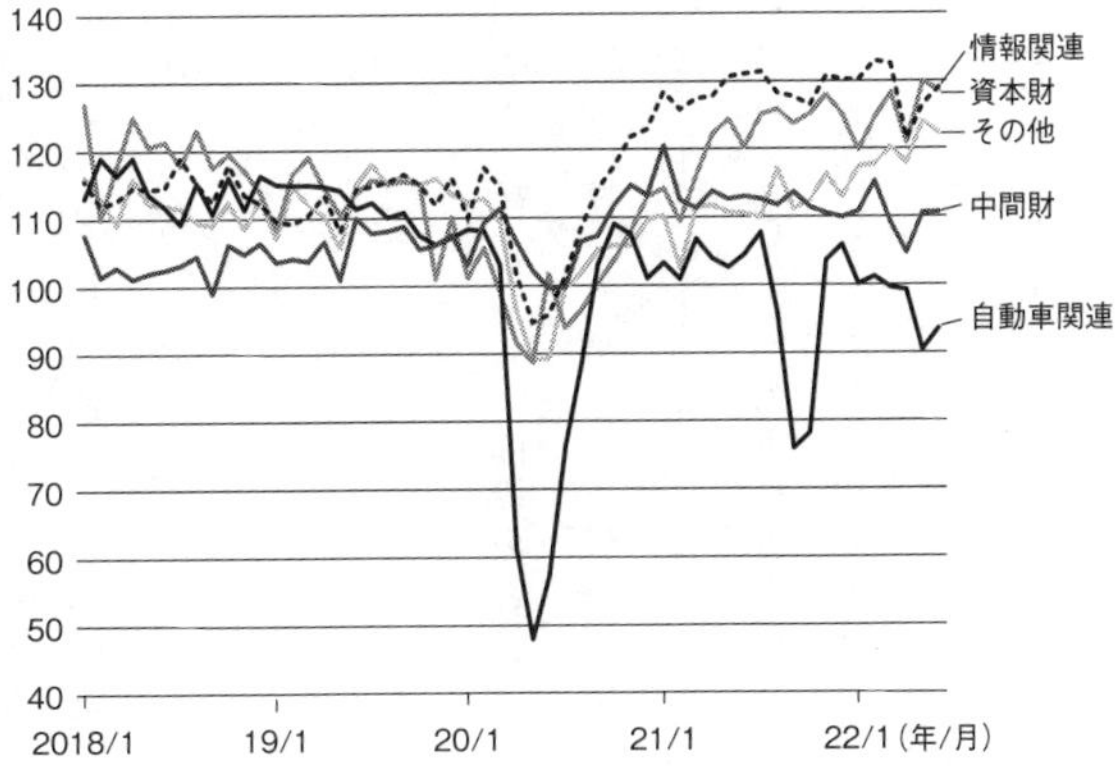

データの出所：日本銀行

今回の円安局面は、為替変動のみならず新型コロナウイルス感染拡大による供給制約や資源価格の高騰など為替以上に大きな影響を及ぼす事象が起こっており、必ずしも為替要因だけの影響とはいえないが、とりあえず現時点のデータを使って輸出量の動向を検証してみよう。

円安で実質輸出は増えたか

図表2－10の上図は日銀が公表している実質輸出と円ドル為替レートの推移を表したものである。[6] アベノミクス後の円安時には、実質輸出は新興アジアをはじめとする世界景気の緩やかな拡大を背景として、2012年12月の92・1から2018年1月に115・4と25・3%も増加した。しかし、今回の円安相場の起点となる2021年上旬の105円台から2022年6月には月中平均ベースで130円台まで25円も減価しているのに、実質輸出はコロナ以前の水準を上抜けることができずにいる。

実質輸出を財の種類別に見てみると（図表2－10の下図）、「情報関連」や「資本財」といった新型コロナウイルス感染拡大によって需要が高まった財やそれらを製造する財の輸出については穏やかな上昇トレンドにあることがわかる。しかし、中国のロックダウンによって部品・部材の供給停止が日本国内での生産に最も大きな悪影響を与えた「自動車関連」の実質輸出はいまだにコロナ前の水準に戻っていない。コロナ感染拡大以降に発生した半導体不足などの世界的な供給制約を前にすると、円安の効果など何も意味を持たないことがわかる。

円安で貿易赤字が増える構図

第1章の為替相場が貿易収支に与える影響の説明の中で、為替相場の変動が貿易収支を改善するための条件として、価格の変更、為替レートのパススルー、PTM行動、輸入の価格弾力性がポイントになると指摘した。これまでのデータを分析した結果、今回の円安においては、為替レートのパススルーも輸入価格や企業物価指においては高い割合で見られるが、

6　実質輸出入とは、財務省「貿易統計」で公表されている財の名目輸出入金額を、日銀が作成・公表している「輸出入物価指数」で割ることにより算出したものである。名目額を物価指数で割り、物価変動の影響を除去することで作成される実質輸出入は、実質的な価値ベースの輸出入の動きを表す指標となっている。

輸出においては企業のＰＴＭ行動により、ほとんど輸出価格に転嫁されていないばかりか、実は輸出価格も上昇していることが確認された。したがって、輸出価格は円安によって低下することはなく、輸出量は増えていない。

一方、日本の主な輸入財である原油などの一次産品に対する輸入の価格弾力性はさほど高くない。言い換えると、輸入価格が上がってもそれに従って輸入量が減少しない財が日本の輸入においては多い。そうなると、円安になった場合に輸入量は減らず、金額は増大する一方である。輸出金額も、価格を下げていないので円安分受け取る円換算額は増えているが、そもそも輸入金額のほうが輸出金額よりも多いので、結果として「円安＝貿易赤字が増える」という構図になっていることが改めて確認された。

第 3 章

円安と為替リスク管理

前章第3節の交易条件の要因分解のところでも円安による交易条件の影響がマイナスであることを示したが、これは日本企業の為替リスク管理と貿易建値通貨選択が影響していると考えられる。第3章ではこの点について説明していこう。

1　日本企業の為替リスク管理の特徴

為替リスク管理手法の開発

長年にわたって円相場の為替変動、特に円高を経験してきた日本企業は、洗練された為替リスク管理手法を開発し、それぞれの業種に合ったインボイス通貨選択行動をとり、為替変動の影響を緩和する様々な工夫を行ってきた。輸出企業を例にすると、為替市場を通じた先物為替予約やオプション取引により為替リスクをヘッジし、本社と子会社間の企業内取引において外貨建ての債権と債務を相殺することで、為替エクスポージャーそのものの減少を図ってきた。こうした為替リスク管理は、企業規模が大きくなるほど、海外市場への売上高が多いほど、活発であることが先行研究で示されている（Ito, Koibuchi, Sato and Shimizu 2010, 2012, 2018）。

さらに、インボイス通貨選択によっても為替リスクは異なる。もし円建てで輸出しているのであれば、短期的に為替リスクにさらされることはない。しかし、実際には日本企業の多くはドル建てで輸出しているため、将来受け取り外貨の円換算額を確定するためには先物為替予約などを通じて為替リスクをヘッジする必要がある。また、為替相場の変動をどのくらいの頻度、かつどの程度の割合で輸出価格に反映させるかという為替レートのパススルーも為替リスクに影響を与える。

3種類の為替リスク

企業は様々な為替リスクに直面している。ここで定義する為替リスクとは、為替相場変動により外貨建て資産や外貨建て負債の自国通貨換算額が変化し、予想しなかった利益や損失が生じる不確実性のことである。為替リスクにさらされている外貨建て資産・負債のことをエクスポージャーというが、為替リスクの大きさは、どのような通貨に対してエクスポージャーを持っているのか、その大きさはどれくらいか、そして、その通貨に対する自国通貨の為替相場の変動幅の大きさはどれくらいか、という要因で決まる。

企業が抱える為替リスクは、輸出入に関わることのみならず、原材料の調達や資金調達方法、どこで何を製造するかなどの立地選択も含めて、様々な分野に及んでおり、リスクヘッジの観点から為替取引リスク、為替換算リスク、為替経済性リスクの3つに大別される。以下、清水、他（2021）に沿って、それぞれのリスクの性質について簡単にまとめる。

●為替取引リスク

－為替相場の変動によって決済時に自国通貨建ての換算金額が変動するリスク。

－キャッシュフローを伴う一般的な為替リスクとして、為替市場で先渡し為替予約・為替オプションを用いることで、ヘッジされる。

●為替換算リスク

－企業の財務諸表に計上された外貨建て資産・負債の評価額が、為替相場の変動によって増減するリスク。決算時期には時価評価が原則となっており、損益計算書において為替差益、または差損として計上される。

－ただし、為替差益、差損は会計上の記帳にとどまり、実際のキャッシュフローは伴わないため、リスクヘッジなどの対象としていない企業が多い。

－海外子会社の財務諸表について連結決算を行う際に為替換算調整勘定として把握される。

●為替経済性リスク

－為替相場の変化によって価格競争力に影響が出る、あるいは企業の生産構造に変化が生じるなど、企業の経営全般からとらえるリスク。

－例えば、円高が定着したと判断し、製造コストの観点から海外生産拠点を設けて、国内の生産ラインを停止した場合に、そのまま円高が続けばよいが、もし急激に円安に転じたとしても、企業は一度海外移転したものを容易に国内生産に回帰することは難しい。

－このように為替相場の変動が企業経営全体に影響を与えるリスクであり、リスクヘッジなどの対象とするのは難しい。

通常、為替リスクヘッジの対象となるのは、実際にキャッシュフローが伴う為替取引リスクである。為替換算リスクについては、為替換算調整勘定が包括利益の一項目として導入されてから、ヘッジ対象として対応を検討する企業も見られる。為替経済性リスクについては、円高によるリスクを避けて海外に生産拠点を移転（オフショアリング）した後に、今回のような急激な円安が進行したときに、海外現地生産の一部を日本に戻す（国内回帰：リショアリング）かどうかという判断を迫られることも為替経済性リスクの一つである。

2　為替リスクヘッジのための手法の分類

為替リスクヘッジの代表的な手法

それぞれのリスクに対して、企業はどのように為替リスクヘッジを行っているのだろうか。代表的な手法としては、為替市場を通じてヘッジするファイナンシャル・ヘッジと、企業活動を通じて為替リスクを管理するオペレーショナル・ヘッジに、さらに財務諸表上の分類と

図表3-1　為替リスクヘッジの代表的な手法と分類

ヘッジ手法	ファイナンシャル・ヘッジ		オペレーショナル・ヘッジ		貿易建値通貨の選択		価格設定（パススルー）
財務諸表上の分類	デリバティブ・ヘッジ	ナチュラル・ヘッジ		+	自国通貨建て	+	行う／行わない
例	フォワード オプション その他	外貨建て負債	海外生産移転 キャッシュフローの相殺（マリー・ネッティング、リーズ ＆ ラグズ）		相手国通貨建て ドル建て（第三国通貨建て）		

出所：清水、伊藤、鯉渕、佐藤（2021）

してデリバティブ・ヘッジとナチュラル・ヘッジに分類することができる。以下、清水、他（2021）と同じ図表3－1に沿ってそれぞれの特徴を簡単に説明する。

　ファイナンシャル・ヘッジは、為替市場における金融商品（デリバティブ）を利用して、為替換算リスクをヘッジする手法である。一般的には、銀行との相対取引による為替予約（先渡し取引、フォワード）が利用されているが、大企業などを中心に為替オプションを利用するケースもある。[7] ファイナンシャル・ヘッジ、かつナチュラル・ヘッジの手法として、外貨建て債務がある。これは、例えばタイで工場を作る際に、タイでその費用を調達するバーツ建ての債務を持つことによって為替換算リスクを相殺する手法である。

オペレーショナル・ヘッジの手法は業態によって様々であるが、代表的なものは海外に生産拠点を移転することによって輸出の際に生じる為替リスクそのものを解消するというものである。その際には、日本の本社と海外生産拠点（海外現地法人）間の貿易取引（企業内貿易）が多くなるため、本社の財務部が現地法人の分も合わせて全社的な為替リスク管理を行う場合が多い。企業内取引において、外貨の受け取りと輸入による外貨の支払いを相殺する（マリー）、国内外で外貨の債権と債務を相殺する（ネッティング）など、外貨建てのエクスポージャーを削減する手法が使われる。

貿易建値通貨の選択

前述の手法に加えて、貿易建値通貨の選択、すなわちどの通貨を貿易建値として利用するかという選択も為替リスク管理手法の重要な要素である。もし日本の輸出企業が円建てで輸出できるのであれば、為替取引リスクは生じない。一方で、日本の輸出企業の貿易建値通貨選択の要因を分析したIto, Koibuchi, Sato and Shimizu（2012, 2018）では、円建てを選択できる重要なファクターとして対外輸出競争力が高いことを挙げ、必ずしも多くの輸出企業が円建てを選択できるわけではないことを示している。さらに、為替変動に対して輸出価格の変更を行うことができるかどうか（第1章で説明した為替レートのパススルー）という価格設定行動も為替リスク管理の一つとして考慮する必要がある。例えば、ドル建てで輸出をしていても、円高になった際にドル建ての輸出価格を上げることができるのであれば（この場合はパススルーしている）、為替リスクを顧客に押しつけていることになり、輸出企業は予定していた円換算額を手に入れることができる。しかし、これも前述したように例えば円高により値上げをした結果、市場シェアを失ってしまうことを恐れて、相手国通貨建てで輸出を行い、為替の変動にかかわらず価格を一定に保つＰＴＭ戦略をとる企業のほうが多いのが現状である。

7 製造業のうち主な輸出企業を対象に行ったアンケート調査では、９割以上がファイナンシャル・ヘッジを利用しており、ヘッジ比率１００％という企業の割合も大規模企業ではほぼ半数に達している。

3　海外生産移転と為替感応度の低下

海外に生産拠点を移転

今回の円安が「良い円安」にならないのは、日本企業がリーマンショック以降の約4年にわたって80円台の超円高を経験し、特に日本の輸出企業が為替に影響されない生産体制を作っていくことに腐心してきたことが背景としてある。輸出入を行う企業は、為替相場の変動によって自国通貨に換算した収益が左右され、為替変動が大きいほどその影響は大きくなる。長年、為替の変動に苦しめられてきた日本企業は、前述のとおり様々な為替リスク管理手法を通じて、主に為替市場における為替予約などを行って為替リスクをヘッジしてきた。

リーマンショック後の円高は、もともと存在していた日本と海外（特にアジア諸国）との間の生産コストの格差をさらに広げたことにより、海外に生産拠点を移すオペレーショナル・ヘッジが一層加速した。海外に生産拠点を移転し、本社と海外現地法人との企業内貿易を通

図表3-2 現地法人（製造業）の海外生産比率の推移

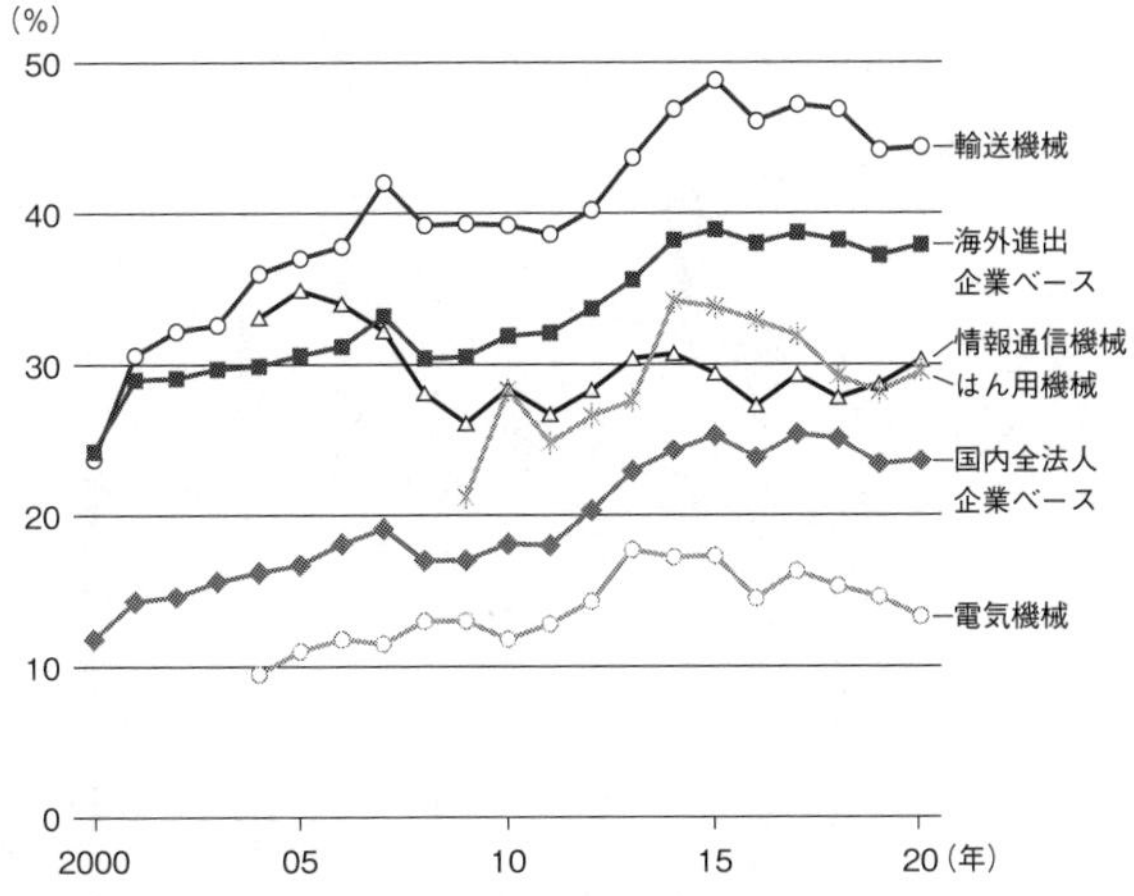

出所：経済産業省「海外事業活動基本調査」資料より筆者作成

じて中間財輸出と完成品輸入で外貨建てエクスポージャーを縮小するのだ。ひいては、日本からは輸出せずに、中間財なども全て現地で調達し、完成品を製造し、現地で販売するという企業も現れた。[8]

図表3－2は、経済産業省の海外事業活動基本調査による海外生産比率の推移を示している。2000年初めには現地法人（製造業）の海外生産比率は「国内全法人企業ベース」で11・8％、「海外進出企業ベース」では24・2％だったが、最新の2020年度調査ではそれぞれ23・6％と37・9％まで上昇した。業種別では「輸送機械」が最も海外生産比率が高く、2000年の23・7％から2020年には44・4％に上昇している。こうした海外生産比率の上昇は、前述した国際収支の構造変化とも整合的である。日本の製造企業が海外に生産拠点を移転し、海外で販売するようになれば、当然日本から輸出される量は減ることになる。その代わりに、海外現地法人が稼いだ分の一部を配当金として本社が受け取る、すなわち第一次所得が増えるという構図である。

為替リスクへの耐性を増す

このように、日本企業は海外生産比率を上昇させる中で、特に円高に対する為替リスクの耐性を強めてきた。為替レートの変化が企業収益に与える影響について、内閣府が試算した「『2017年度日本企業の貿易建値通貨の選択に関するアンケート調査』結果」から抜粋したのが図表3－3である。これによると、企業の想定為替レートが1円円安になった場合の経常利益の変化について、リーマンショック前の景気循環（2002～2008年度）とアベノミクス開始後の景気循環（2013～2019年度）の2期間に分けると、全産業、製造業（さらに製造業の内訳として素材業と加工業）、非製造業のいずれも企業の想定よりも円安が進めば経常利益を押し上げる効果を持つことがわかる。ただし、その円安によるプラ

8 海外に生産拠点を移転する理由は為替リスクを避けるということだけではない。内閣府の「企業行動に関するアンケート調査（令和3年）」によると、海外に生産拠点を置く主な理由について、「現地・進出先近隣国の需要が旺盛又は今後の拡大が見込まれる」が最も多く、次いで、「現地の顧客ニーズに応じた対応が可能」「労働力コストが低い」がある。

図表3-3　為替レートの変化が企業収益に与える影響

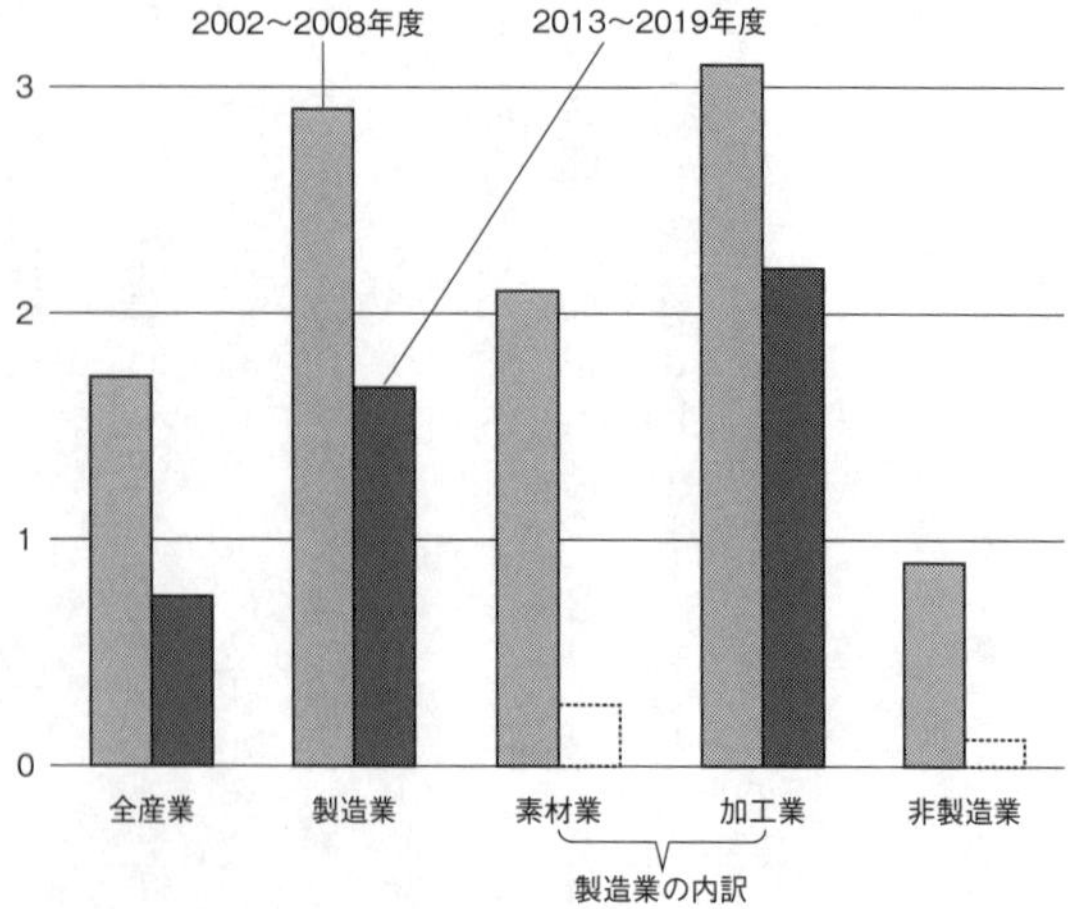

出所：内閣府「『2017年度日本企業の貿易建値通貨の選択に関するアンケート調査』結果」より抜粋。算出方法の詳細については、https://www5.cao.go.jp/keizai3/2020/0331nk/n20_1_3.html#n20_1_3_3を参照。

スの効果の程度は、リーマンショック前の2002年度から2008年度までの時期よりも現在に近い2013年度から2019年度の期間のほうが低下しており、特に、素材型の製造業や非製造業は、現在では統計的に有意な関係が見られない収益構造となっている（図中では点線で示されている）。この背景には、前述した海外生産比率の上昇や高い為替ヘッジ比率などがあると考えられる。

輸送用機器メーカーでは、20

14年にメキシコ進出をして海外生産を拡大したマツダの為替感応度がマイナス、すなわち円安になると営業利益が下がるまでなったということがニュースになったこともある。DIAMOND online（2016）によれば、リーマンショック後の円高時代となった2008～2011年度に4期連続の最終赤字に陥ったマツダは、巨額の投資負担となる海外生産拠点の設立を決意した。国内生産を減らすことなく、今後は海外で増産していくことで海外生産比率を3割から5割に引き上げる「構造改革プラン」を2012年2月に発表した。2014年10月、マツダにとってタイ、中国に続く27年ぶりの主要な海外生産拠点となるメキシコ新工場が稼働を開始し、現地化を着々と進めてきたことで、円ドル為替レートが1円動いたときの為替感応度（営業利益ベース）は、2008年度の27億円から、2016年度には13億円にまで縮小した。同様にソニー（現ソニーグループ）は2017年度には円ドル為替レートが1円動いたときの為替感応度は35億円のプラスから、2022年度には10億円まで縮小した。このように、円高・ドル安局面での耐性はついたが逆に言えばアベノミクス時の円安・ドル高局面では恩恵を受けにくくなってしまったことが指摘される。[9]

マツダやソニーのように、程度の差こそあれ多くの輸出製造業が同じような経験をしている。円高による為替リスクを避けて海外に進出し、為替変動に影響されない体質になった日本企業は、円高による悪影響を避けるという目的で始めた自己改造により、今回のような円安による恩恵を以前ほどには享受できない体質になってしまったのだ。

9　ちなみにほぼ100％を円建てで輸出している東京エレクトロンは、毎年行われている時事通信社の為替感応度のアンケートに対して「取引の大半が円建てで為替の影響を受けず」と回答している。https://financial.jiji.com/main_news/article.html?number=531

第 4 章

ドル建てに偏った日本の貿易建値通貨選択

もう一つ指摘したいのは、日本企業の貿易建値通貨（貿易の決済通貨）選択である。為替相場の変動が輸出入価格に与える影響は、建値通貨として何を使っているかによって異なる。仮に円建て輸出であれば、円安が急激に進むと輸出相手国にとっては現地通貨建ての輸出価格が低下し、それによって日本製品は安いということから輸出が増える効果が期待できる。一方で、ドル建て（あるいは輸出相手国通貨建て）で輸出している場合は、ドル建て輸出価格×円ドル為替レートという計算で円換算額としての収入が増加し、企業業績には好影響を与える。

しかし、企業が円安による収入増を一時的なものとして内部留保とし、労働者の賃上げや国内投資などに結び付けなければ、円安による好業績が日本経済全体にもたらす波及効果は小さい。輸入については、輸入価格（ドル建て）×為替レートに従って輸入代金が円安分増大することから、それが消費者価格に転嫁され、現在我々が直面しているコストプッシュのインフレとして問題となる。

日本企業の貿易建値通貨選択のデータを見る前に、まず貿易建値通貨選択に関するこれまでの研究を簡単にまとめてみよう。

1 貿易建値通貨選択に関する先行研究

通常は、先進国や輸出国の通貨が使われる

世界の国際経済取引上の契約通貨・決済通貨を見てみると、米ドルが主たる国際通貨として使用されている。貿易上の契約通貨について、先進国間と先進国から途上国への輸出普遍的なルールとして引き合いに出されるのが「グラスマンの法則（Grassman's law）」である。Grassman（1973, 1976）は先進国間で工業製品が取引される場合、輸出国通貨建てで取引される傾向があることを指摘した。このインボイス通貨選択行動はグラスマンの法則と呼ばれており、以下のように、2つの「定型化された事実」がある。

【定型化された事実1】先進国間で行われる工業製品の貿易は輸出国通貨建てで取引される

【定型化された事実2】先進国から途上国に製造業製品が輸出される場合、先進国の通貨で取引される傾向がある

先進国が製造業製品を途上国に輸出する場合、先進国のほうが有利な立場で途上国との輸出契約交渉を行えると考えれば、このインボイス通貨選択の傾向は理解しやすいだろう。以上の2つの法則に加えて、Boz, Gopinath, and Plagborg-Møller（2017, 2018）は、貿易を行う当該国通貨ではなく、第三国通貨としての国際通貨（たいていの場合は米ドル、一部の東欧諸国やアフリカではユーロ）が貿易建値通貨として使われていることを指摘している。

ドル建てを使う日本企業

日本企業は先進国であり、国際通貨の円を持ちながら、特にアジア域内の貿易で第三国通貨であるドル建てを使っているケースが多い。Ito, Koibuchi, Sato and Shimizu（2018）、清水、他（2021）では、日本の輸出企業は先進国との貿易では輸入国通貨で契約され、アジアとの貿易において円建て契約よりもドル建て契約が多いという事実をパズルとして提示

している。

前述の研究では、日本企業の貿易建値数か選択に影響を与える重要な要因として、為替リスク管理、企業内貿易か企業間貿易か、総合商社を通じた貿易か、そして輸出製品・財の競争力を挙げている。そして、大企業を中心とした生産ネットワークにおいては、本社財務部が全社的な為替リスク管理を行う際に貿易建値通貨としてドルを統一して使用している傾向があることから、日本全体としてドル建てシェアが高いことを明らかにした。

さらに、最近の傾向としては、伊藤、他（2019）はＲＩＥＴＩで行った海外現地法人対象のアンケート調査結果から、特にアジア向けの生産ネットワークにおけるサプライチェーンに沿った企業内貿易ではドル建てシェアが低下し、その代わりにアジア現地通貨建てが増加していることも指摘している。[10]

2　日本の貿易建値通貨比率のデータ

輸入・輸出ともドル建てが多く、輸入は特に多い

次に、財務省が公開している時系列データをもとに、日本の輸出と輸入におけるインボイス通貨選択の現状について地域別に見てみよう。財務省関税局はウェブサイトで半期ごとのデータを公開している。地域別では「対世界」「対米国」「対ＥＵ」「対アジア」の４地域・国の内訳が公表されている。世界的に見てもインボイス通貨の詳細なデータを定期的に公表している国はタイ、韓国など一部の国に限られており、財務省は有益な情報を提供している。[11]

図表４－１の左側のページは日本の輸出における円建て比率とドル建て比率の推移を示している。対世界輸出では(a)、１９８０年代初めの時期を除くと、円建て比率は30％台半ばから40％程度を、ドル建て比率は50％前後を推移している。短期では多少の変動があるとして

も、長期的にはほぼ一定の水準を維持している。2022年前期の円建て比率は36・0%となっている。次に右側のページの日本の輸入を見ると(e)、世界からの輸入では円建て比率が近年やや上昇傾向にあるが、それでも2022年時点で円建て輸入比率は22・78%にとどまっており、71・2%の輸入がドル建てで行われている。日本は輸出と輸入の両方で円建て比率よりもドル建て比率のほうが高く、輸入においてはその差が大きくなるという特徴が表れている。

10　伊藤、他（2019）は、アジア所在の現地法人と海外との取引において、アジア通貨の利用が2014年から2018年で大幅に増加し、米ドル建てと円建て取引が減少していることを示した。その理由としては、中国をはじめとして最終消費地としてのアジア市場の重要性が高まってきたこと、製造を行うアジアの生産拠点において中間財の現地調達が増え、販売と調達の両面で現地通貨の取り扱いが増えてきたことから、米ドルよりもアジア現地通貨を利用する方が為替リスク管理の観点からより効率的となってきたためと説明している。

11　2000年代以前のデータについては、旧通産省のデータに基づいている。2000年以降は、財務省関税局が税関での申告統計に基づいてインボイス通貨のデータを公表している。https://www.customs.go.jp/toukei/shinbun/trade-st/tuukahappyou.htm

対米、対EUとも輸出の円建ては少ない

次に、貿易相手地域・国別にインボイス通貨比率の変化を見てみよう。まず日本の対米貿易を見ると(b)、ドル建て比率が8割以上と圧倒的に高い。2022年時点で日本の対米輸出の84・9%がドル建てで取引されており、円建て比率はわずか14・8%にとどまっている。この状況は統計が利用可能な1987年から全く変わらない。対米輸出におけるドル建て比率の高さは米国が日本にとって重要な貿易相手国という表れといえる。日本のインボイス通貨選択は、対米輸出において【定型化された事実1】に反している。また、対米輸入のグラフ(f)が示すように、日本の米国からの輸入においても70%以上がドル建てで取引されている。円建て比率も緩やかな上昇を見せてはいるが、2022年においても円の使用は21・9%にとどまっている。

日本とEU諸国との間のインボイス通貨選択については、対米とは全く異なる結果となっている。日本からEU諸国への輸出においてドルはあまり使用されず、1990年代以降はおおむね10%から20%の間の水準を推移している(c)。しかし、日本の対EU輸出では円もあ

まり使用されていない。2000年代以降、円建て輸出比率はほぼ30%前後の水準にとどまっている。最も使用されているのは相手国通貨である。2022年時点で日本の対EU輸出の51・1%が欧州通貨（ユーロ）建てで取引されている。【定型化された事実1】は、この日本の対EU輸出においても当てはまらない。しかし、(g)の日本のEU諸国からの輸入のインボイス通貨比率では、ユーロ建て比率は30%をやや上回る程度の水準であり、最大のシェアを占めるのは円建て比率である。2022年時点で日本のEU諸国からの輸入の60・9%が円建てで取引されている。つまり、EU諸国と日本はそれぞれお互いの国へ輸出するときに相手国通貨建てで行っていることになる。これはどちらもお互いを重要な顧客と考え、そのシェアを守るべくPTM戦略をとっているということを示唆している。

対アジア輸出——存在感を増す人民元・タイバーツ

次に、日本の対アジア貿易を見てみよう。(d)の日本の対アジア輸出では円建て比率とドル建て比率がほぼ拮抗した状態で推移している。この状況は統計が利用可能な1987年から現在までほとんど変わらない。アジア向け輸出のほとんどは円とドルという2つの先進国通

貿易取引通貨別比率＜輸入＞

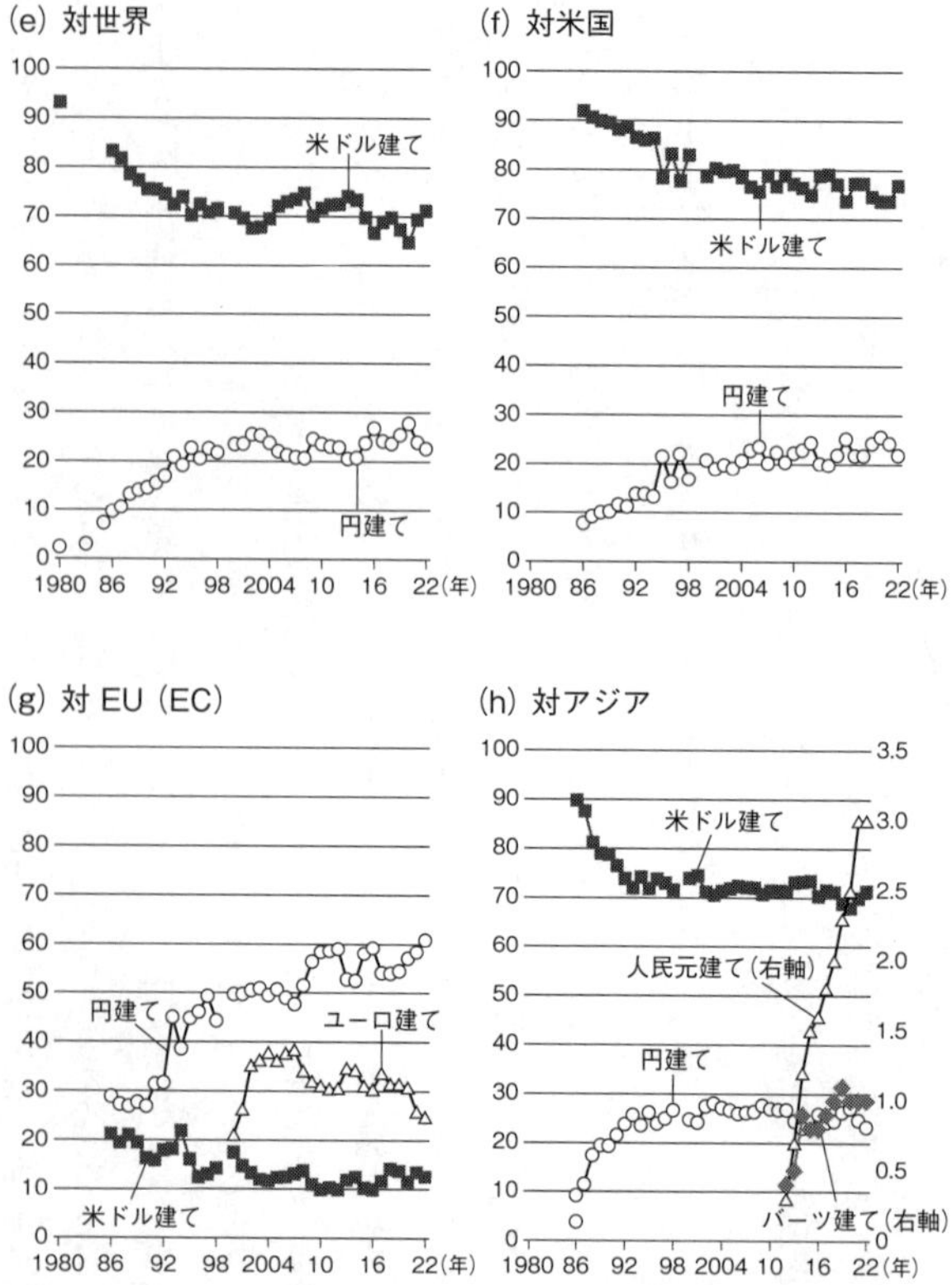

注1：データは半期ごとの数値で公開されているが、ここでは各年の後期のデータを用いている。2022年のデータのみ2022年前期のデータである。
注2：輸入の1999年のデータは存在しない。対EU（EC）輸入の欧州通貨建て比率が2000年と2001年で低い理由は、財務省のデータ公表の方法にある。財務省は上位5通貨のみの情報を公表し、それ以外は「その他通貨」に一括している。2000年時点でその他通貨の比率が11.7%に達しており、ユーロ発足直後はまだ欧州各国の通貨が使われていたことを反映している。
出所：財務省　https://www.customs.go.jp/toukei/shinbun/trade-st/tuukahappyou.htm

図表4-1 貿易取引通貨別比率（%）

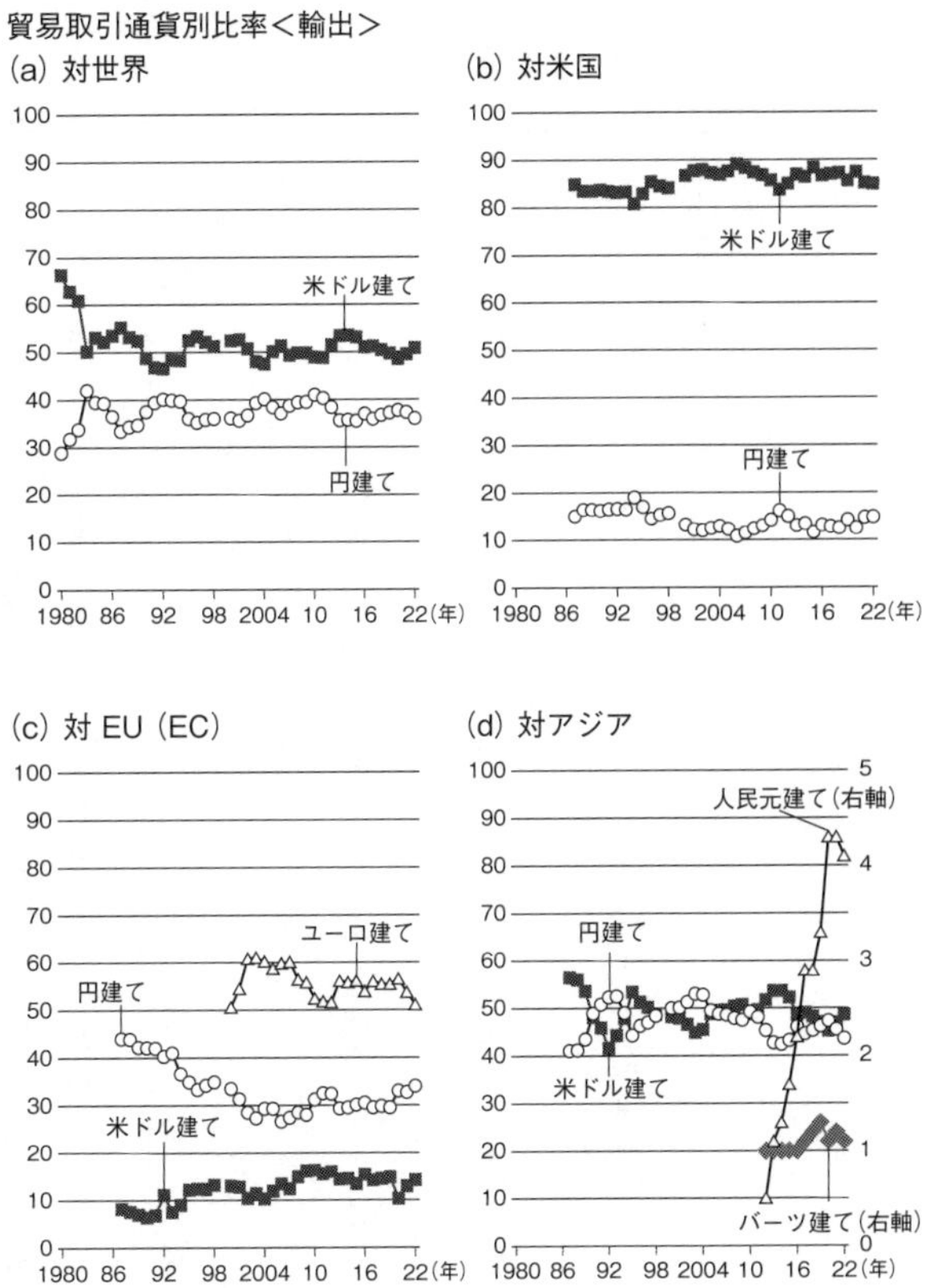

貨で取引されているわけだが、円建て輸出比率が50%を下回り、ドル建て比率と拮抗している状況は、円とアジア通貨以外の第三国通貨が多く使われているという点で、【定型化された事実2】に反していると考えられる。アジア向け輸出で特徴的なのは、近年アジア現地通貨である人民元とタイバーツ建ての比率が高まっているということである。2022年に人民元建て比率は4・1%、タイバーツ建て比率は1・1%となっている。さらに、(h)で日本のアジアからの輸入におけるインボイス通貨比率を見ると、円建て比率は20%台の水準にとどまっている。日本企業がアジアの生産拠点から輸入する割合も増えているはずだが、円建て比率は1990年代に入ってからほとんど変化していない。現地通貨建て比率は輸出と同様に人民元建て比率が上昇傾向にある。

以上の結果は、日本は他の先進国とは異なり円建てではなくドル建を貿易建値通貨として利用していることを示している。

3　貿易建値通貨比率の各国比較

ドル建てが極端に多い日本

次に、日本の輸出・輸入におけるインボイス通貨選択の現状を他の先進国との比較によって考察してみよう。図表4－2は日本を含む主要先進6カ国の輸出と輸入におけるインボイス通貨選択の情報を整理したものである。1980年、2000年、2019年の3時点にわたって、各国の貿易におけるインボイス通貨比率がどう変化してきたかを示している。

1980年から2019年における主要6カ国の輸出入における貿易建値通貨の推移を見ると（図表4－2）、日本の自国通貨建て（円建て）比率は他の先進国と比較して非常に低いことがわかる。2019年時点で日本の円建て輸出比率は37・2％であるのに対して、ユーロ加盟国のドイツ、フランス、イタリアのユーロ建て輸出比率はいずれも70％を超えている。図表4－2が示すように、イタリアも1980年時点では日本と同様にグラスマンの

図表4-2　主要6カ国のインボイス通貨選択比較（%）

	輸出					
	自国通貨建て比率			米ドル建て比率		
	1980	2000	2019	1980	2000	2019
米国	97.0	96.1	95.7	97.0	96.1	95.7
日本	28.9	36.1	37.2	66.3	52.4	49.7
ドイツ	82.3	72.0	75.9	7.2	17.1	17.7
英国	76.0	50.0	37.7	17.0	29.0	32.7
フランス	62.5	75.6	72.3	13.2	21.0	22.0
イタリア	36.0	75.2	82.3	30.0	18.1	14.1

	輸入					
	自国通貨建て比率			米ドル建て比率		
	1980	2000	2019	1980	2000	2019
米国	85.0	93.2	95.1	85.0	93.2	95.1
日本	2.4	23.5	25.5	93.1	70.7	67.4
ドイツ	43.0	72.7	77.4	32.3	18.7	20.2
英国	38.0	47.0	24.8	29.0	34.0	43.6
フランス	34.1	74.9	74.2	33.1	21.0	23.4
イタリア	18.0	71.0	71.2	45.0	24.9	25.9

出所：『日本企業の為替リスク管理―通貨選択の合理性・戦略・パズル』清水順子・伊藤隆敏・鯉渕賢・佐藤清隆著（2021）

【定型化された事実1】に反する国だった。しかし、ユーロ発足後の２０００年には75・2％の輸出がユーロ建てで取引されており、２０１９年にはその比率が82・3％にまで上昇している。これは統一通貨を導入したことによる大きなメリットの一つであると考えられる。

日本のもう一つの特徴として、その他の先進国（米国を除く）と比較してドルをインボイス通貨として使用する割合が極端に高いことがある。図表４－２が示すように、２０１９年時点で日本の輸出の49・7％がドル建てで行われており、円建て比率を12％ポイントほど上回っている。この傾向は日本の輸入において特に顕著である。2019年時点で日本の輸入における円建て比率はわずか25・5％にとどまっており、67・4％がドル建てで取引されている。他方で、英国を除くヨーロッパ諸国の輸入に占めるドル建て比率は20％台であり、70％以上がユーロ建てで取引されている。

「為替に左右されない」体制が裏目に

日本は他国と比較して自国通貨建て比率が輸出、輸入ともかなり低く、ドル建て比率が高いという特徴があり、それがさほど変化していないことがその他主要国との比較からも確認できた。

主要国の自国通貨建て比率を比べると、ドイツはマルクの時代から自国通貨建て比率が高く、輸出入とも75％を上回っている。ユーロ導入前には自国通貨建て比率が低かったフランスやイタリアでも、単一通貨ユーロの恩恵を受け、自国通貨建て比率は7割を上回っている。米国に至っては95％という高い比率で自国通貨であるドル建てで輸出入をしており、彼らがさほど為替リスクを意識しなくてもよい状況にあることが示された。一方、日本企業は円建てではなく、相手国通貨建てで貿易し、為替の変動で非常に苦労してきた結果、為替に左右されない体制を築いたことが、今回の円安のメリットを享受できずに「悪い円安」となった背景といえるだろう。

企業内貿易をドル建てに統一する体制

日本企業の輸出でドル建てが多い理由としては、以下2点が指摘される。

第1に、海外現地法人とのサプライチェーンが拡大する中で、企業内貿易をドル建てに統一し、本社財務部がまとめて為替リスク管理を行うという為替リスク管理上の理由である。

第2に、これまで指摘してきたできるだけ現地の販売価格を安定化させるＰＴＭ行動である。この状況は、最近ではアジア向け貿易でも確認されている。以前は日本企業の中国向け輸出入における人民元建ては5％にも満たなかったが、近年のアンケート調査では中国向け輸出の人民元建て比率は30％を超えている。ＰＴＭ行動では、為替変動時よりも製品のモデルチェンジの際に価格を改定することが多い。前述のアンケート調査でも、円安の進行が予想されるときの対応について「価格変更やインボイス通貨の変更は行わない」と回答した輸出企業は7割に上る。以上のような日本企業の為替リスク管理を考慮すると、今回の円安が輸出価格の低下を通じて輸出増につながるにはまだもう少し時間を要するだろう。

第 5 章

いろいろな形で見る
現在の円安

第2章の初めに書いたように、為替相場には市場で取引されている名目の円ドル為替レートのほかにも、実効為替レートや購買力平価と呼ばれる通貨がモノを購入する力を比較した指標などがある。現在の円ドル為替レートの動向を見て円安が進んでいるというが、その他の通貨や実効為替レートなどの総合的な指標からは現在の円安はどのように解釈されるのだろうか。本章では、円の実質実効為替レートと購買力平価の動きから現在の円安を分析してみよう。

1　円の実質実効為替レート

実質実効為替レートとは

実効為替レートは、特定の2通貨間の為替レートを見ているだけではとらえられない、相対的な通貨の実力を測るための総合的な指標である。具体的には、対象となるすべての通貨と日本円との間の2通貨間為替レートを、貿易額などで計った相対的な重要度でウェイト付けして集計・算出する。

以前は日銀がデータを算出して公開していたが、現在は国際決済銀行（ＢＩＳ）が世界中の実効為替レートのデータを作成・公表している。実効為替レートには名目と実質の2種類がある。前者は算出の際に名目為替レートを用いるのに対して、後者はそれぞれの物価指数で実質化された実質為替レートを用いて算出したものである。

実力以上に評価されてきた日本円

日本円の実質実効為替レートの長期的な推移を表したのが図表５－１である。データは、ＢＩＳが公表しているＢｒｏａｄベースの実質実効為替レート（約60カ国・地域で使用されている通貨をもとに算出）で、１９９３年以前は日銀のデータを使用している。

これを見ると、日本円の実質実効為替レートは１９７０年から１９９５年にかけて上昇（円高）傾向が続いていたことがわかる。１９９５年４月に初めて１ドル80円台を割り込んだ超円高と実質実効ベースでの最高値の時期は一致している。円ドル相場でこの期間に円の実質実効為替レートが上昇した背景としては、①貿易黒字の大幅な拡大（１９７０年代後

図表5-1　円の実質実効為替レートの推移 (BIS)

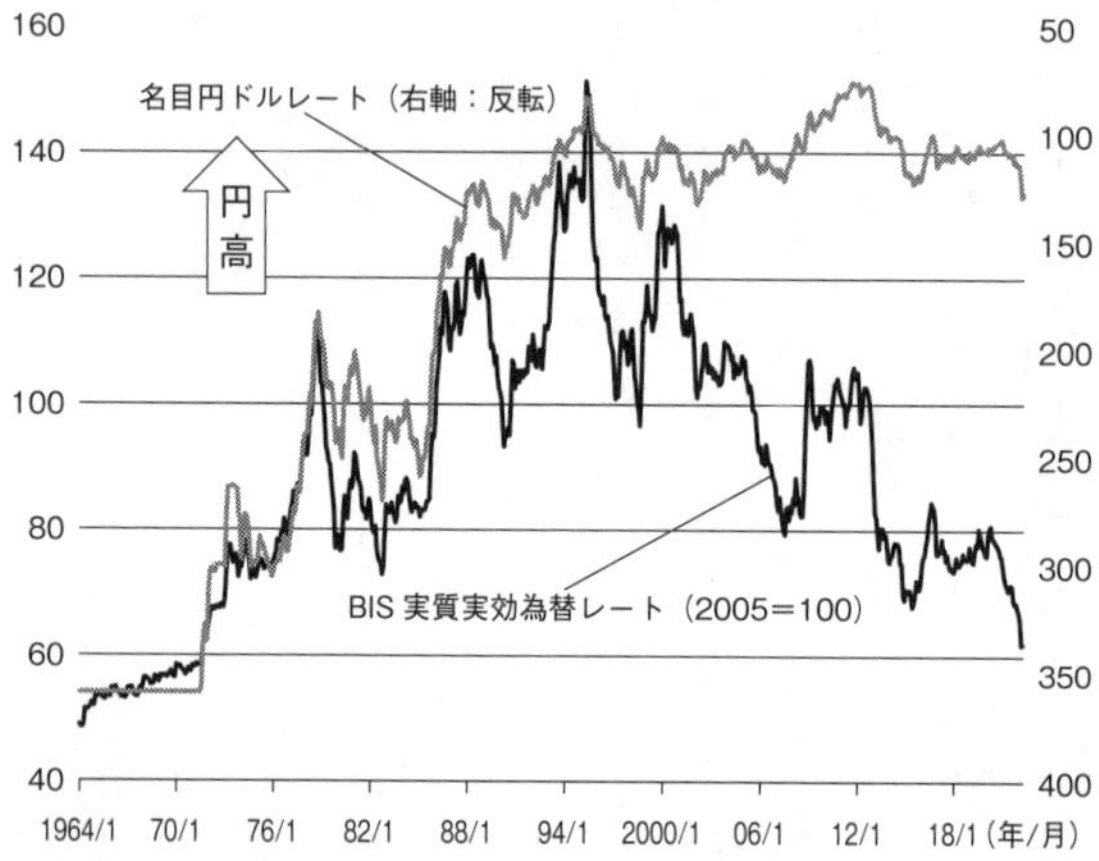

データの出所：BIS　https://www.bis.org/statistics/eer.htm

半)、②プラザ合意によるドル高是正(1985年9月~)、③日米貿易摩擦問題の深刻化(1990年代前半)などが主因と考えられる。これらによって、日本円はかなり長い期間にわたり他の主要通貨に対して実力以上の高い評価が続いていた。

一転、1972年水準にまで下落

1995年以降、円の実質実効為替レートは下落に転じ、その後は下落傾向がずっと続いている。この動きは、バブル崩壊後に円の強さが国内の景気低迷とデフレ長期化の一因となり、結果的に日本円の実力以上に高い評価が修正されたこと、ユーロや新興国通貨など相対的に円よりも強くなる通貨が多くなったことが実質実効為替レートの下落につながったと考えられる。

特筆すべきことは、リーマンショック後に1ドル80円台の円高水準が続いた2009年から2012年までの期間に実質実効為替レートベースではさほど円高にはなっていなかったことだ。これは、2000年代以降も続く日本のデフレが大きな原因となっている。

日本円の実質実効為替レートは、2022年7月時点で67・79ポイントとなっている。この水準は直近で2015年6月にもつけているが、日本が変動相場制に移行した時期とほぼ同じ1972年の水準と同じである。高度経済成長期を経て、世界有数の製造業輸出国となり、今でも対外純資産残高は世界一を保っているにもかかわらず、円は実質実効為替ベースでは1972年の水準まで戻ってしまったのである。

円ドル以上に円安が進む実態

図表5－1を見ると、円ドル為替レートベース以上に実質実効為替レートベースで円安が進んでいることがわかる。このことは、実効為替レートの算出方法からも推察できるとおり、ドル以外の通貨に対して実質ベースで円安が進んでいることを意味している。BISによると、円の実質実効為替レートを算出する際の米国のウェイトは1993～95年には29・2％であったが、2014～16年には16・5％に低下しており、中国やその他アジア諸国をはじめとする貿易相手国通貨に対しても円安が進行していることを示している。[12]

主要通貨の実質実効為替レートについて、2020年1月以降の変化率を見ると、日本円の下落率が突出していることがわかる（図表5－2）。皮肉なことにロシアのルーブルがこ

図表5-2 各通貨の実質実効為替レートの変化率（BIS）

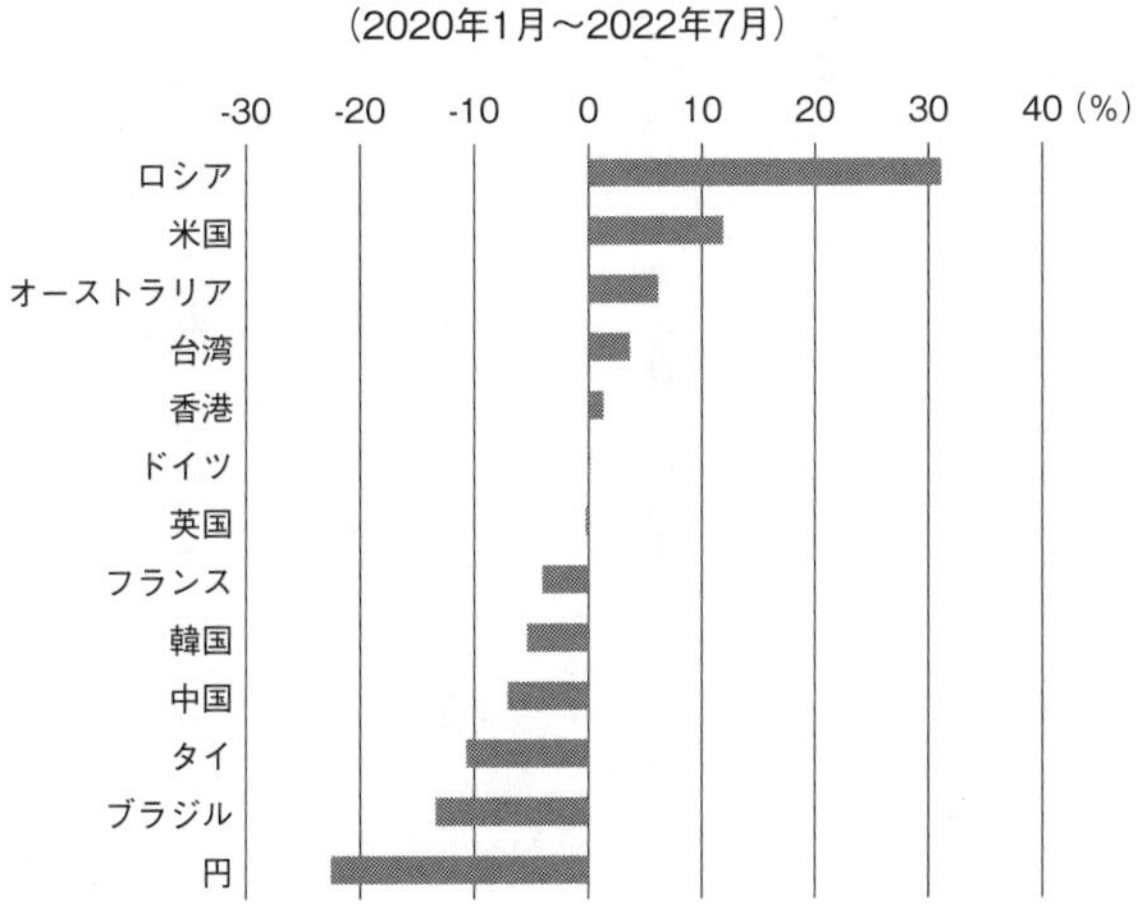

データの出所：BIS https://www.bis.org/statistics/eer.htm

の期間に13カ国の中では最も増価した通貨となっている。変化率がプラスとなっているのは、自国通貨が増価し、インフレも進行している米国に加えて、資源国で地政学的にも有利な位置にあるオーストラリア、半導体などの電子産業が盛んな台湾など、新型コロナウイルス感染拡大下でも経済への打撃が少ない国となっている。とはいえ、実質実効為替レートベースでもこのような円安水準となっている円は、日本のデフレ傾向が大きく影響しているとはいえ、さすがに円安が過ぎるのではないかという印象は否めない。

2 BISの実質実効為替レートとRIETIの実質実効為替レート

産業別実質実効為替レートとは

次に、RIETIが公開している産業別実質実効為替レートに注目して、円安を見てみよう。RIETIで公開している産業別実質実効為替レートをもとに作られたRIETI－YNU（横浜国立大学）の実質実効為替レートは、CGPIや生産者物価指数（PPI：

Producer Price Index）をもとに計算している。伊藤、他（2011）が指摘するように、実質実効為替レートは、各国の対外競争力を測る指標とみなすことができる。実質実効為替レートは、単に名目為替レートの動きだけではなく、各国の製品価格の変動を考慮に入れている。グローバル市場全体での競争関係を見るためには、単一通貨だけではなく、複数通貨の動きを同時に促えた実効為替レートを用いる必要がある。しかし、BISベースの実質実効為替レートは、実質化を行う際に消費者物価指数を用いており、対外競争力とは直接関係しない非貿易財を多く含むという点で問題がある。こうした観点からは、輸出入物価指数や国内企業物価指数を用いたほうが優れているということとなり、その欠点を克服したのがRIETI－YNUの実質実効為替レートである。[13]

一般的には、日本の実質実効為替レート減価は、名目実効為替レート減価、国内物価の低

12　日本の貿易構造の変化を、BISベースのウェイトの変化で見ると、米欧先進工業国のウェイトが低下する一方で、東アジアの新興国のウェイトが大きく高まっており、新興国台頭の姿がみてとれる。これは、日本の対外競争力を測るうえで、円ドル為替レートの水準のみならず新興国通貨の対円レートが及ぼす影響が拡大していることを示している。

下、外国物価の上昇に起因するので、その物価がCPIなのかCGPIなのかで影響は大きく変わるはずである。特に、第2章で日本のCPIとCGPIの動きには違いがあったことを考えれば、それぞれの実効為替レートから現在の円安に対して別の解釈をすることも可能である。

実質化の際に企業物価を用いるRIETI-YNU

図表5-3は、BISとRIETI-YNUの実質実効為替レートの動きを比較したものである。前述のように、BISの実質実効為替レートによれば、現在の円安水準は1972年時点と同じ程度であった。しかし、実質化の際にCPIではなくCGPIを使っているRIETI-YNUの実質実効為替レートでは、もちろん円安にはなっているが、円はBISの実質実効為替レートほどには減価していないことが示されている。

すなわち、製造業の対外競争力という観点から実質実効為替レートの動きを検討する場合には、BISよりもRIETI-YNUの実質実効為替レートを見るべきであり、そうすると現在の円安水準はまだアベノミクス期の円安レベルを少し下回った程度であるとみなすことができる。

ＢＩＳの実質実効為替レートは、ＣＰＩを用いていることから、日本の消費者物価がいまだに世界と比較するとかなり低い水準にあることを反映した結果として、現在の円安は1972年水準まで下がっているということを示している。したがって、この状況はインバウンドが解禁されたときに大きな魅力となる。今後インバウンドが開放されて世界中の旅行者が日本に押し寄せれば、世界と比較して格安の日本国内の様々な商品やサービスに対して国内消費が爆発的に増えることが予想される。一方、円安になっているから輸出価格競争力が上がっているかどうかを確認するためには、ＣＰＩベースではなく、ＣＧＰＩやＰＰＩベースの産業別実質実効為替レートで判断することが必要となる。

13 Sato, Shimizu, Shrestha and Zhang（2015）は、ＢＩＳの実質実効為替レート（ＢＩＳ－ＲＥＥＲ）と産業別実質実効為替レートを用いて合成したＲＩＥＴＩ－ＹＮＵの実質実効為替レートとの比較分析を行い、アジア9カ国のうちの5カ国においてそれぞれの動きが大きく異なることを示している。

図表5-3　実質実効為替レートの比較（BIS vs. RIETI-YNU）

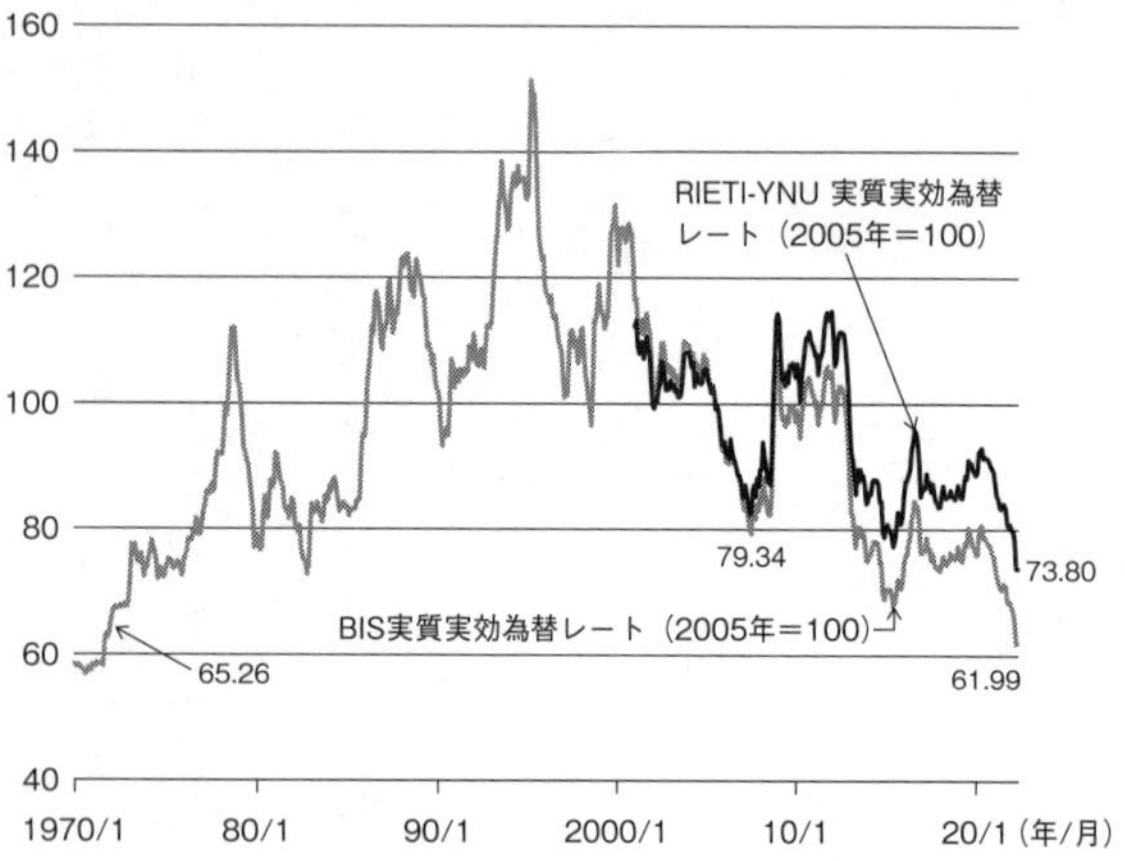

データの出所：BIS、RIETI「産業別実質実効為替レート」 https://www.rieti.go.jp/users/eeri/

3 産業別実質実効為替レートから見る現在の円安

産業別の分析

前述のRIETI－YUNの実質実効為替レートは、そもそもRIETIで公開している産業別実質実効為替レートを合成したものである。RIETIで公開している「産業別実質実効為替レート（I－REER：Industry-specific Real Effective Exchange Rate）」は、産業レベルで各国別に輸出価格競争力を測るものであり、現在世界25カ国のデータが日次で公表されている。[14]

実質実効為替レートは当該国の輸出価格競争力を測る指標として用いられるが、実際には、輸出価格競争力は産業別に異なりうる。例えば、日本の電気機械産業（例：電子部品）

14 産業別実質実効為替レートの詳細についてはSato et al.（2013）を参照。

と輸送用機器産業（例：自動車）の競争力が異なることは容易に理解できるだろう。[15]

以下、日本の製造業の主要な競争相手である中国、台湾、韓国、ドイツ、米国を対象として、主要な製造業である輸送用機器、一般機械、電気機器、および光学機器の分野でそれぞれの実質実効為替レートの動きを比較してみよう。ただし、ＲＩＥＴＩの産業別実質実効為替レートはデータの制約などから便宜上２００５年＝１００という指数で計算しているため、もしそれぞれの国の価格競争力が２００５年時には同じ水準であったのであれば単純にその後の推移を比較できるが、必ずしもそうではない。したがって、各国別に水準を比較することについては注意が必要となる。[16,17]

輸送用機器・一般機械

図表５－４の上図は、輸送用機器について日本を含む主要６カ国の実質実効為替レートの２００１年１月から２０２２年７月までの推移を表したものである。これを見ると、日本はアベノミクスの円安の影響で２０１４年以降は６カ国の中で最も下部で推移していることがわかる。今回の円安進行で輸送用機器の実質実効為替レートはさらに低下し、その他の国と

の差を拡大させている。このことは、日本の輸送用機器が６カ国の中で対外的に最も価格競争力があることを意味している。

図表５－４の下図は、一般機械についての実質実効為替レートの推移を表している。輸送用機器と同様に、日本は６カ国中最も下部に位置するも、２０１９年から２０２０年にかけては、台湾、韓国、ドイツと拮抗するような場面も見られた。しかし、２０２１年後半以降円安が進行し始めてからは低下し、その他の国との差が開いている。輸送用機器と同様に、現在は日本の一般機械が６カ国の中で対外的に最も価格競争力があることを意味している。

15　Sato, Shimizu, Shrestha and Zhang（2013）は、産業別実質実効為替レートを用いて日本と韓国の両産業の輸出価格競争力を比較している。

16　特に中国については、２００５年に日本、米国やドイツと価格競争力が同じであったと考えられる。その点においては中国との比較は水準というよりもあくまでトレンドとしてみるべきであると考えられる。

17　伊藤、他（2011）も、実質実効為替レートを用いて競争環境を過去と比較する際には、単純に水準の高低を比べるのみならず、急激な変化の有無、経済情勢の違い、自国および競合国の経済構造の変化、推計誤差などにも留意する必要がある、と述べている。

図表5-4　産業別実質実効為替レートの各国比較
＜輸送用機器・一般機械＞

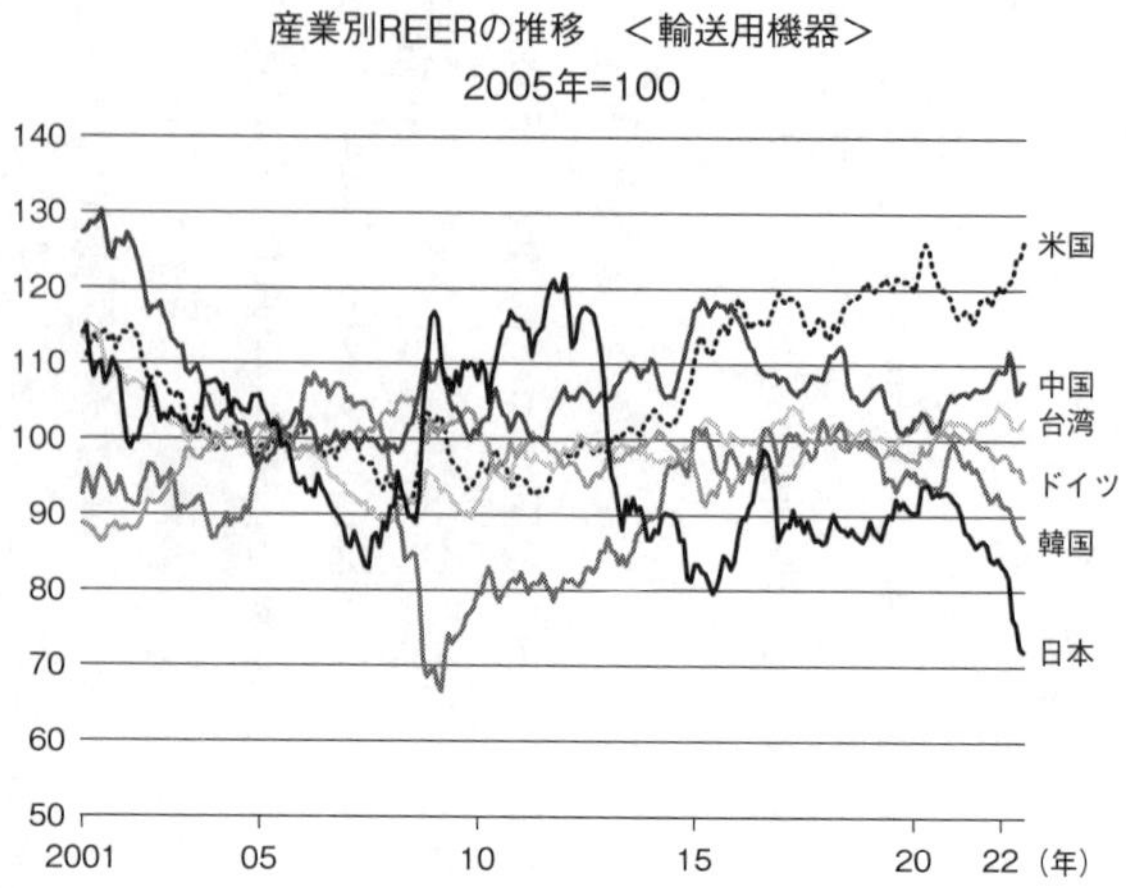

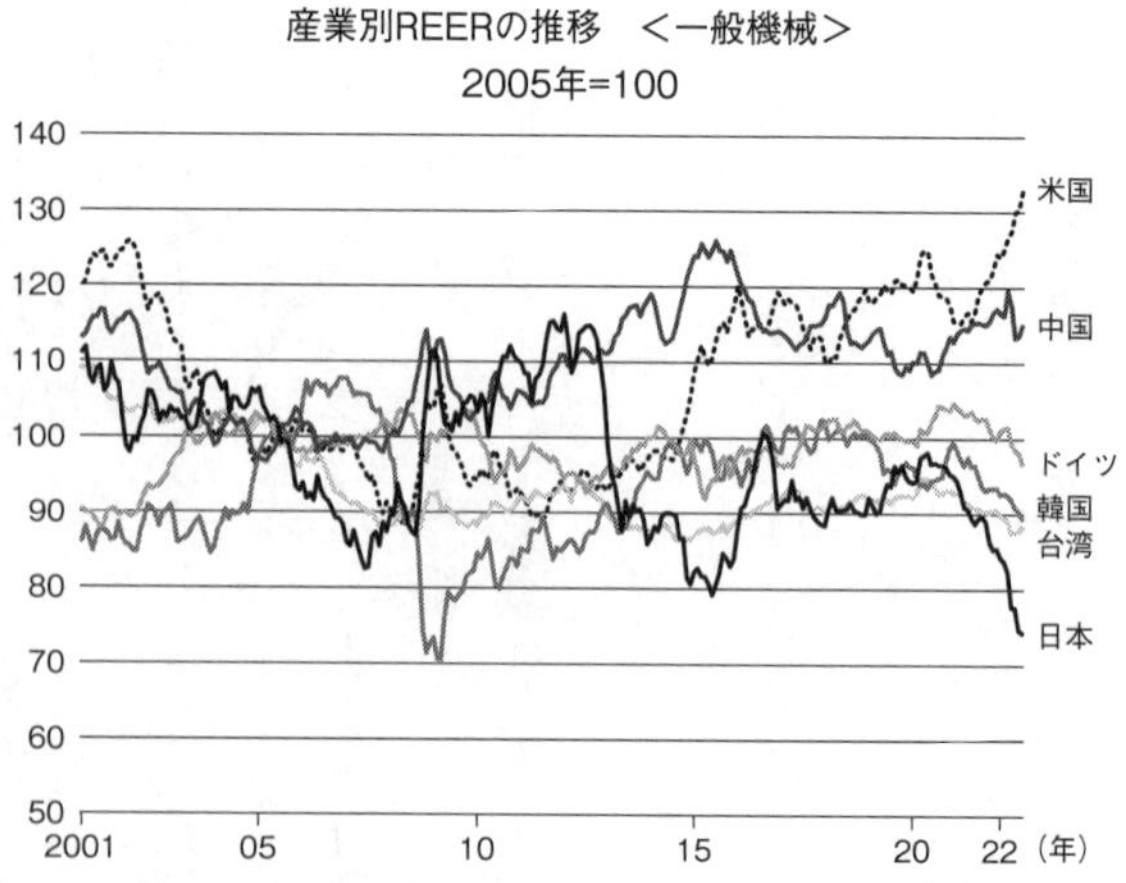

データの出所・RIETI「産業別実質実効為替レート」 https://www.rieti.go.jp/users/eeri/

電気機器・光学機器

図表５－５の上図は、電気機器について日本を含む主要6カ国の実質実効為替レートの推移を表している。これを見ると、日本よりも韓国が常に下部に位置していることがわかる。日本の電気機器の実質実効為替レートはアベノミクスの円安の影響で低下したものの、台湾やドイツと似たような水準で競争していることがわかる。２０２１年後半以降の円安で、台湾より下方に移動したものの、まだ韓国の水準までは達していない。このことは、日本の電気機器産業は韓国、台湾、ドイツと価格競争力を競ってきており、今回の円安で台湾やドイツは振り切ったものの、韓国との価格競争力ではまだ劣っていることが示唆される。

図表５－５の下図は、光学機器についての実質実効為替レートの推移を表している。電気機器と同様に、日本の下に韓国が位置しており、日本と台湾が下から2番目の位置を競っている状況もほぼ同じである。２０２１年後半からの円安で、日本の光学機器産業は台湾やドイツよりも価格競争力を強めているとみられるが、依然として韓国には及ばないと解釈される。[18]

図表5-5　産業別実質実効為替レートの各国比較 ＜電気機器・光学機器＞

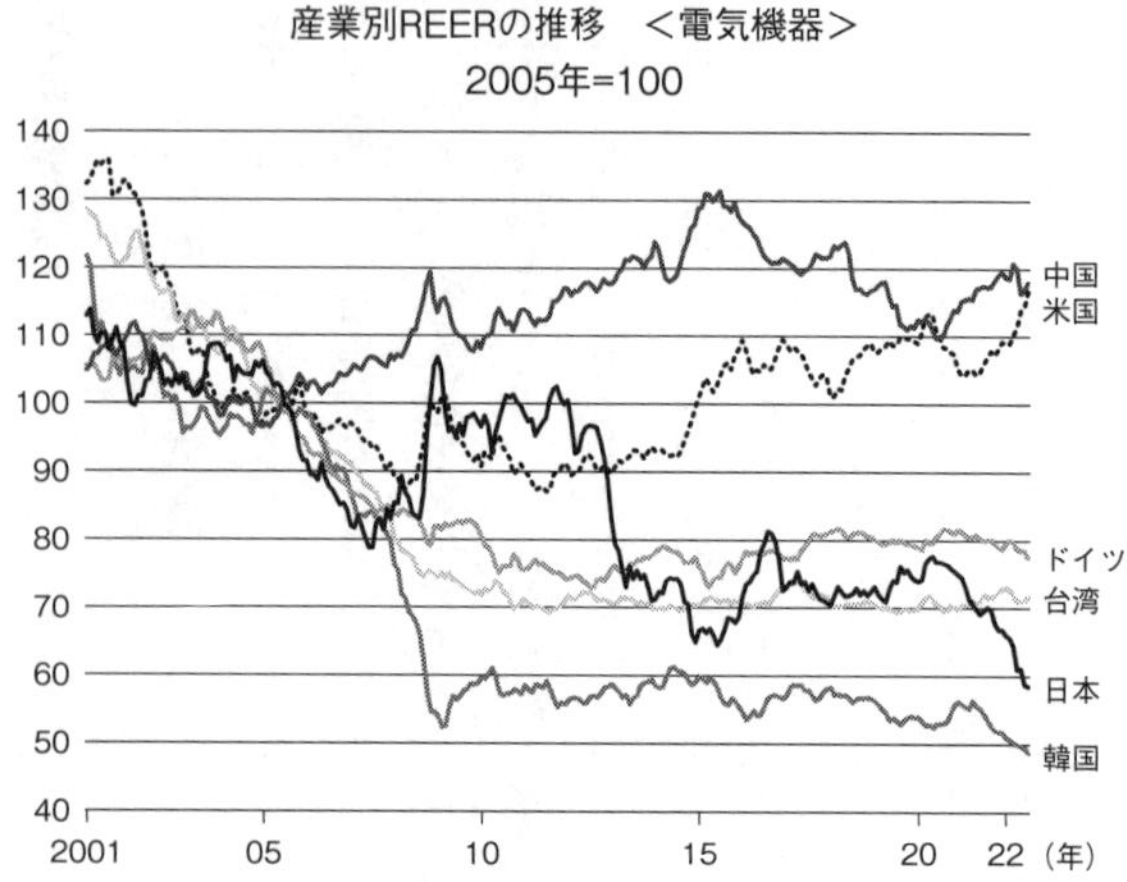

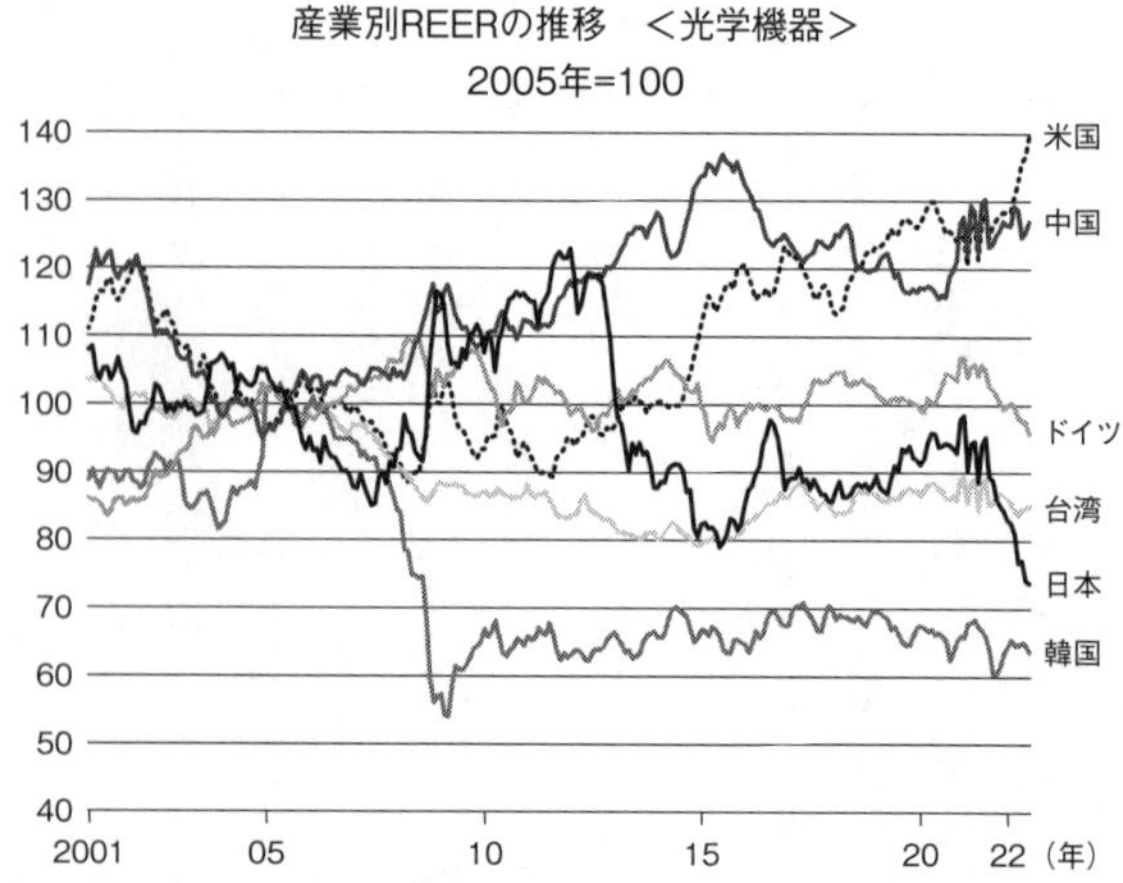

データの出所・RIETI「産業別実質実効為替レート」 https://www.rieti.go.jp/users/eeri/

小川（2022）は、今回の円安局面で産業別実質実効為替レートが低下していることについて、以下のように解釈している。

「日本製品が外国製品と激しい競争に直面しているならば、利潤マージンを薄くし、価格を引き下げざるを得ない。名目実効為替レート減価に加えて、物価が低くなれば、円の実質実効為替レートがさらに減価する。これらを踏まえて、産業別実質実効為替レートを観察すれば、実質実効為替レートが相対的に高い産業や低い産業に気付く。競争が激しいために、利潤マージンを薄くせざるを得ず、価格を引き下げる傾向が相対的に大きい産業では、価格低下を通じて実質実効為替レートが円安傾向となる。」

小川が指摘するように、実質実効為替レートが低下している＝価格競争力が強くなっている＝利潤マージンを薄くして価格を低下させている、ということであれば、輸送用機器産業や一般機械産業が対外競争力を保つために低いマージンに耐えているということになる。し

18　前述したように、中国との比較は難しいが、少なくとも2020年以降の中国の実質実効為替レートはどれも上昇トレンドにあるということで、低下トレンドの日本とは異なっている（差が拡大している）と解釈される。

かし、それらの産業は2021年後半からの円安進行の影響もあり、2022年3月の決算期でトヨタや東京エレクトロンは過去最高の純利益を上げており、必ずしも低い利益マージンに甘んじているというわけではなさそうだ。

ここでは、日本の主要な4業種について、競合国と産業別実質実効為替レートの推移を比較してみた。業種別に比較すると、今回の円安が実効為替レートに与える影響は業種ごとに異なることがわかる。輸送用機器や一般機械はドイツや米国に比べて日本の競争力が強まっていることが確認できたが、電気機器や光学機器については、現在の日本の競争相手が韓国や台湾などのアジア新興国であり、韓国がまだ日本よりも有利であることがわかった。企業側では、おのおのの生産体制に合わせたコスト削減と新製品開発の努力を継続することが必要であるとともに、政府も円安が対外競争力に与える影響の業種ごとの違いを確認しながら政策対応をすることが重要となろう。

第 6 章

円安は続くのか

これまで述べてきたように、2021年後半から驚くべきペースで円安は進行した。2022年初めから半年余りで20円以上下落するとは、当初は誰も予想していなかっただろう。円安の背景は、大きく分けて2つある。

第1に、日米金融政策の方向性の違いを起因とする日米金利差の拡大である。そもそも金利引き締めを開始していた米国と金融緩和継続のスタンスを固持する日本という構図は誰の目にも明らかであったが、さらに円安が進行する節目に日銀が指値オペを実施することで、円安を理由に金融政策を変更することはしないという意思をマーケットに対して明確にしてきた。その後も、世界の主要国がインフレ圧力の高まりを受けて一斉に金融引き締めを強化する中、日銀の緩和スタンスは変わらず、円はその他の通貨に対しても売られ、実質実効為替ベースで歴史的な円安水準まで下落したのは前章でも示したとおりである。

第2に、第2章でもデータで示してきた日本の貿易赤字の継続・拡大である。これは、2021年後半から明確になった原油価格をはじめとする資源価格の上昇トレンドが2月以降のロシアのウクライナ侵攻でさらに強まり、円安と資源価格の高騰のダブルパンチという交易条件の悪化で、スパイラル的に円安が進んでしまったものだ。

こうした状況は2022年9月初め時点において大きな変化は見られない。本書では専門的に相場の先行きについての予想をすることはできないが、今後も円安が定着するかどうかについて、金利平価や購買力平価などから一般的な理論をもとに解釈してみたい。

1　日米金利差の拡大と円安

金利平価による為替相場の決定

為替相場の決定理論はいくつかあるが、その中でも最も引用されるのが金利平価（Interest Rate Parity）である。金利平価とは、為替相場は資産を自国通貨建てで運用する場合と外国通貨建てで運用する場合の（予想）収益率が等しくなるように決定されるという理論であり、言い換えると、為替相場（予想）変化率は内外金利差に等しくなることを意味する。よりわかりやすく言うと、金利平価説のインプリケーションは、二国間の資産の期待収益率が等しくなるために、名目金利が高い国の通貨の名目為替レートは名目金利が低い国の通貨に対して減価するというものであり、金利平価説は「高い（低い）名目金利＝通貨の減価（増価）」という、直観に反する動きを想定しているのである。

ただし、棚瀬（2020）によれば、金利平価説における「高い（低い）名目金利」は、「名目金利上昇（低下）」と明確に区別する必要がある。金利平価説が問題にしているのは金利の高低という「水準」であって、上昇・低下といった金利の「方向性」ではない。したがって、金利の方向性という観点から考えると、金利平価説の含意は「名目金利上昇（低下）＝通貨の増価（減価）」であり、一般的な認識と同様である。[19]

図表6－1は日米の10年物金利差と円ドル為替レートの長期推移（1988年から2022年）を表したものである。長期的に見ると、日米の金利差が拡大すると円安になり、縮小すると円高になる傾向にあることがわかる。例えば、2009年から2012年までは、米国の量的金融緩和や日本の消極的な金融政策に加えて、世界金融危機や欧州債務危機によってリスク回避の動きが強まり、安全通貨とされる円に対する需要が高まったことが過度な円高につながったと考えられる。金利差もこの時期には3％前後から1％未満まで縮小していることがわかる。ただ、必ずしも金利差と為替相場の動きが一致していない時期もある。例

えば、アベノミクスの円安時は、金利差は2％未満で推移していたのに円相場は政府・日銀の強力な異次元緩和政策の下で120円まで円安が進んだ。2016年の後半以降は、FRBの政策金利や米国の長期金利の上昇に伴い、利回り差が拡大した。2019年には新型コロナウイルスの感染拡大を受けてFRBが利下げし、日米金利差は大幅に縮小したことから一時は円高ドル安が進行したものの、その後は米国の力強い景気回復を受けた物価や金利の大幅上昇などを受け、ドル金利は上昇し、金利差拡大を背景に円安ドル高が進んでいる。

パウエル議長の発言

2022年8月のジャクソンホールのパウエルFRB議長の講演では、景気抑制的な政策スタンスを長期にわたって続ける必要があるとして、2023年中にも利下げを織り込む市

19　棚瀬（2020）は、ごく短い期間に米国債金利上昇とドル高が同時に発生する事象は、カバー無し金利平価説が想定するように、ある要因（たとえば、米国物価指標の予想比上振れを受けたFRB利上げ期待の高まり）を受けて米国金利が上昇するとドル資産の期待収益率が上方にシフトし、これが瞬時に米ドルの為替レートに反映されることを示していると解釈できると説明している。

図表6-1　日米10年物金利差と円ドル為替レートの推移

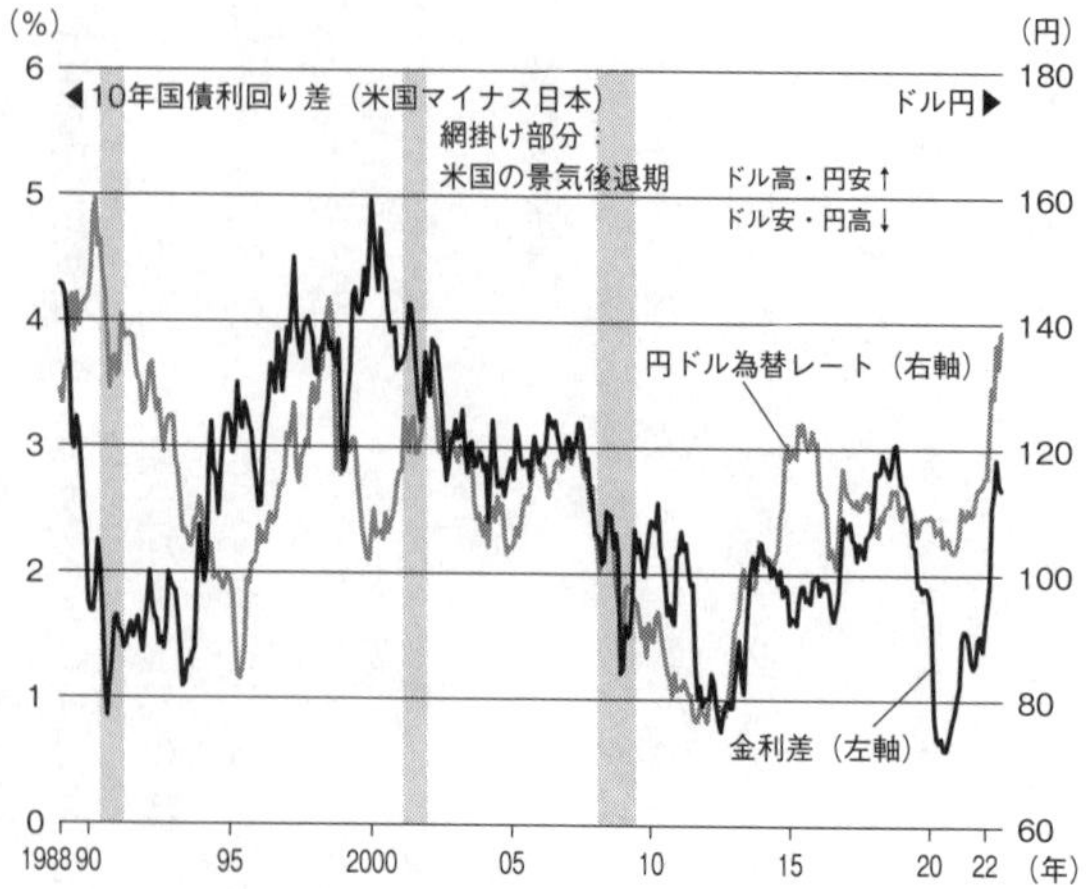

データの出所：CEIC

場を牽制した。パウエル氏はボルカー元FRB議長を例に出し、インフレ期待を断ち切るために景気への配慮以上にインフレ退治を優先させる政策の必要性に触れた。同様の発言は地区連銀総裁からも示されており、4%を超えるFF金利の必要性について言及するものも見られる。米バンク・オブ・アメリカが2022年8月16日に公表した8月の機関投資家調査によると、今後1年間でインフレ率が鈍化すると予想した投資家の比率は88%に達し、2008年に発生したリーマンショック時以来の高水準となった。FRBは現在のインフレから米国経済がスタグフレーションに陥らないようにするために引き続きタカ派的な金融政策を進めることが予想される。日銀が動かない限り、日米の金利差の縮小は当面望めない可能性が高い。

2 フロー・アプローチに注目

フロー・アプローチとは

為替相場を動かすのは金利差のみならず、マネタリーベースの変化率の差、市場のリスク回避度など、その時々でクローズアップされる要因は様々である。為替相場決定理論の中で最も基本的なフロー・アプローチでは、貿易収支が為替変動の要因となる。貿易黒字であれば、黒字で得たドルを売って自国通貨を買うので自国通貨高、赤字であれば、自国通貨を売ってドルを買う必要があるから自国通貨安となる。このフロー・アプローチは、日本では実需原則が撤廃される以前の１９８０年代初めまでは、為替相場に影響を与える最も重要なファクターだった。当時は貿易収支統計の発表が注目されていたが、その後の金融ビッグバンと世界的な国際資本フローの拡大により、市場参加者の目は金融政策の行き先やそれに関わるマネタリーベースの変化率、失業率などに焦点が移っていった。

リスク回避のための円安

２０１０年代半ばになると、円ドル相場を動かす要因として「リスク回避度」が加わった。市場のリスク回避度が高まると円が買われるという動きで、特に２０１５年のチャイナショック時や２０１６年の英国のＥＵ離脱決定の際に円が急騰したころから「安全資産の円買い」という言葉も生まれた。実は、新型コロナウイルス感染拡大初期の２０２０年3月初めにも一時1ドル１０２円台まで円高が進んだことがあった。その後は２０２１年前半には米国の利下げなどを理由に1ドル１０５円以下で取引されていた時期もあったが、２０２１年6月以降は徐々に円安方向に傾きだし、1ドル１１０円台前後での取引に推移していった。これは原油価格が1バレル70ドル台に乗ったことが背景となっているかもしれない。２０２１年後半に貿易収支の赤字化したころから徐々に円安が進み、２０２２年からは日米金利差拡大に加えて、円安・資源高・貿易赤字という3つがスパイラル的に進んでいったのだ。ロシアのウクライナ侵攻のニュースの際には「安全資産の円買い」が出るのではという期待もあったが、今回は全くなかった。そもそも「安全資産の円買い」などマスコミが勝手に名付けたもので、実体のないものだったのかもしれない。

第2章で説明したとおり、2000年代以降の日本の経常収支の構造変化は、2011年の東日本大震災による原発停止と鉱物性燃料の輸入拡大でさらに加速した。輸出入が均衡、あるいは資源価格水準によって輸入が輸出を上回る状況が常態化すれば、円安はストレートに貿易赤字拡大に結び付く。すなわち、フロー・アプローチが示すとおり、今や貿易赤字拡大こそが円安の原因となり始めた。これまで説明してきた輸出入物価の推移、実質輸出と実質輸入の動向に加えて、中国のゼロコロナ政策解除など、日本の製造業に大きな影響を与える供給制約に関わるニュースをチェックすれば、日本の貿易収支赤字が今後も継続しそうかどうかを予想することができる。日本の貿易収支を含む経常収支動向は今後の円安の動向を占ううえで重要な情報となるだろう。

3　日銀の金融政策の変更はありうるのか

日銀の苦境

２０２２年3月後半に円ドル相場が１２０円台に乗ってから、日銀の黒田東彦総裁が非常に苦しい立場に置かれている。世界規模で進む歴史的な物価高騰の中、異例の金融緩和策を維持し、他の中央銀行とは異なる独自路線を邁進する日銀の金融政策が、「悪い円安」を助長している、との批判的な見方も国内では徐々に強まっていった。黒田総裁は当初は「円安は全体としては日本経済にプラス」との発言を繰り返していたが、原油高など物価高の弊害を強く感じている政府、産業界、国民はこの見方に違和感を持ち、円安を容認する日銀への批判を潜在的に高めてきた。

そもそも日銀の役割は物価と金融システムの安定である。もちろん黒田総裁の発言や指値オペなどの行動が結果的に円安を助長してきたのは事実であるが、円安を理由に金融政策を変更するというのは間違いである。日銀のあくまで2%の物価目標を掲げて進めてきた金融政策を死守するという姿勢は間違ってはいない。ただし、発言などにおいてもう少しわかりやすく説明する必要もあったのではないか、と思う。

例えば、木内（2022）は以下のように主張している。「現状は、2%の物価目標に強く結びついた柔軟性を欠いた日本銀行の政策姿勢、本来は市場で決まる長期金利を強くコントロールしようとする硬直的な政策姿勢が、為替や債券市場に動揺をもたらしているのである。そして、こうした金融市場の動揺は、経済活動にも悪影響を与えることになる。これらは異例の金融緩和が生み出す副作用だ。それに加えて、異例の金融緩和の効果と副作用を比較考慮した場合には副作用が勝ると考えることから、政策の柔軟化、正常化を進めることが妥当なのである。円安に対応して政策の修正を行うのではなく、副作用の軽減のために金融政策の修正、正常化が今必要だ。」

企業物価に続き消費者物価も上昇

第1章で説明したように、CGPIの上昇とともに2022年4月以降CPIも前年同月比で上昇が続いている。今後も、円安が日本経済に与える影響を正確に分析し、特に輸入物価の上昇がCGPI、CPIにどれくらい影響するのかを業種・品目別に分析したうえで、適切な金融政策をとることが必要であろう。ただし、日銀がたとえ金融緩和政策を変更したとしても、日米金利差がすぐに縮小するとは限らない。日銀が利上げするとしても、その幅は極めて小さいものであると予想されるし、もしそれよりも米国の利上げ幅が大きければ、日米金利差が拡大することもありうる。現在の金利差がすぐに解消することは望めず、そうなると円安傾向は当面続く可能性が高い。

日本の金利が将来上昇する場合には、国債金利の利払いが肥大化することも懸念されている。これに関しては、金利水準がまだ低いことに加え、金利上げ局面になったときは慎重にアナウンスメントをしながら徐々に上げていけば、利払い費の拡大が短期的に財政悪化をもたらすには至らないと考える。また、もし利上げによって日本国債に金利が少しでも付くとなると、金融商品としての魅力が増す。現在のような円安の下で、実は世界の投資家は日本の債券・証券の買い場がいつ来るのかを探っているともいわれている。その点では内外の投資家による日本国債の買い需要が喚起される可能性もある。他にも、利上げにより、預金生活者である高齢者の消費が喚起されることも期待されるかもしれない。「利上げ」が日本経済にもたらす様々な副次的な効果についても検討すべきだろう。

4　購買力平価から円安を考える

購買力平価とは

最後に、購買力平価から現在の円安が行き過ぎた円安なのかどうかを判断してみよう。購買力平価とは、前述の金利平価と同様に為替相場の決定理論の一つであり、為替レートは自国通貨と外国通貨の購買力の比率によって決定されるという説である。理論的に全く貿易障壁のない世界を想定すると、そこでは国が異なっても、同じ製品の価格は一つであるという「一物一価の法則」が成り立つ。この法則が成り立つときの2国間の為替相場を購買力平価という。購買力平価には、現時点で異なる国の間で同じ製品を同じ価格で購入できる水準として算出される「絶対的購買力平価」と、過去の内外不均衡が十分小さかった一時点を起点として、その後の当該国間のインフレ格差から時系列的に物価を均衡させる為替相場を算出する「相対的購買力平価」の2つがある。

絶対的購買力平価の代表例としてよく使われるのが、英国の経済誌エコノミスト誌が公表しているマクドナルドのビッグマックの価格指数である。エコノミスト誌の2022年のデータによると、ビッグマックの米国の価格は5・15ドルに対して、日本の価格は390円である。この価格で得られる絶対的購買力平価は390円÷5.15＝75.73円となる。現在の円ドル相場が140円とすれば、現在の円相場は約45％も過小評価されていると判断される。2021年の37・2％も過小評価という水準からさらに割安度が進んでいることを示している。これは米国の物価が高すぎるということでもあるが、もし米国人が日本に旅行に来たらほぼ半額でビッグマックが食べられるというくらい、現在の日本の物価が他の国と比較して安いことを意味している。

絶対的購買力平価の例としては、ビッグマック指数のほかにもアップル社のiPhone指数がある。このiPhone指数を見ると、ビッグマック指数ほどには差がなく、先進国間ではさほど価格差がないようにアップル社が各国の価格を設定していることがわかる。今回の円安進行局面で、アップル社は2022年7月1日から日本でのiPhoneやiPad、Apple Watchをはじめとする主力製品を一斉に値上げした。これは、1ドル＝130円を超える円安が続くことを受けての値上げとみられるが、値上げ幅は円ドル為替相場の減価幅以上のものもある。円安になって半年での価格上昇は、アップル社がこの円安が今後も継続すると判断していることを表しているが、多くの若者を中心に円の購買力の低下を痛感する値上げとなった。

次に、相対的購買力平価の動向について見てみよう。図表6－2は、国際通貨研究所が公開している円ドルの購買力平価と実勢相場の推移を表している。[20] 購買力平価は、3つの物価指数、消費者物価指数（CPI）、企業物価指数（CGPI）と輸出物価指数（EPI）で割り引いて計算されたものを表している。図表6－2によると、1973年から2015年までの40年超の趨勢で見れば、実際の為替レートの推移とそれぞれの物価指数によって計算された購買力平価の推移とも、緩やかに円の価値が高まっていることが示されている。

20　円ドルの購買力平価は、2カ国間の貿易収支が最も均衡していた（つまりその時に購買力平価が成立していたと考える）1973年を基準として計算するというコンセンサスがあり、国際通貨研究所が公開している購買力平価も1973年を基準年としている。

購買力平価と比較すると円高に

実際の円ドル名目為替レートは、1973年を基準とした消費者物価指数を用いて計算された購買力平価と比較すると、変動相場制度移行後、常に円高であったことが示されている。一方で、1973年を基準とした企業物価指数を用いて計算された購買力平価と比較すると、日本が変動相場制度に移行した1973年2月以降、実際の為替レートと購買力平価で示される為替レートが一致することが度々見られているものの、概ね円高であったことが示されている。一般に、購買力平価は長期的なトレンドを示すと言われている。円ドルの購買力平価の傾きには日米の物価上昇率の格差が反映されており、過去のトレンドは米国の物価上昇率の方が日本よりも高いため、相対的にドルの価値が目減りし円高傾向で推移してきた。その間実際に円高トレンドが続いていたということは、少なくとも円ドル相場については購買力平価の理論通りに動いてきたとみなすことができる。

図表6－2の直近の動きを見てみると、購買力平価自体はまだ下降トレンドが続いているが、現在の為替レートが消費者物価指数で割り引かれた購買力平価よりも円安になっている

図表6-2 円ドルの購買力平価と実勢相場（1973年1月〜2022年7月）

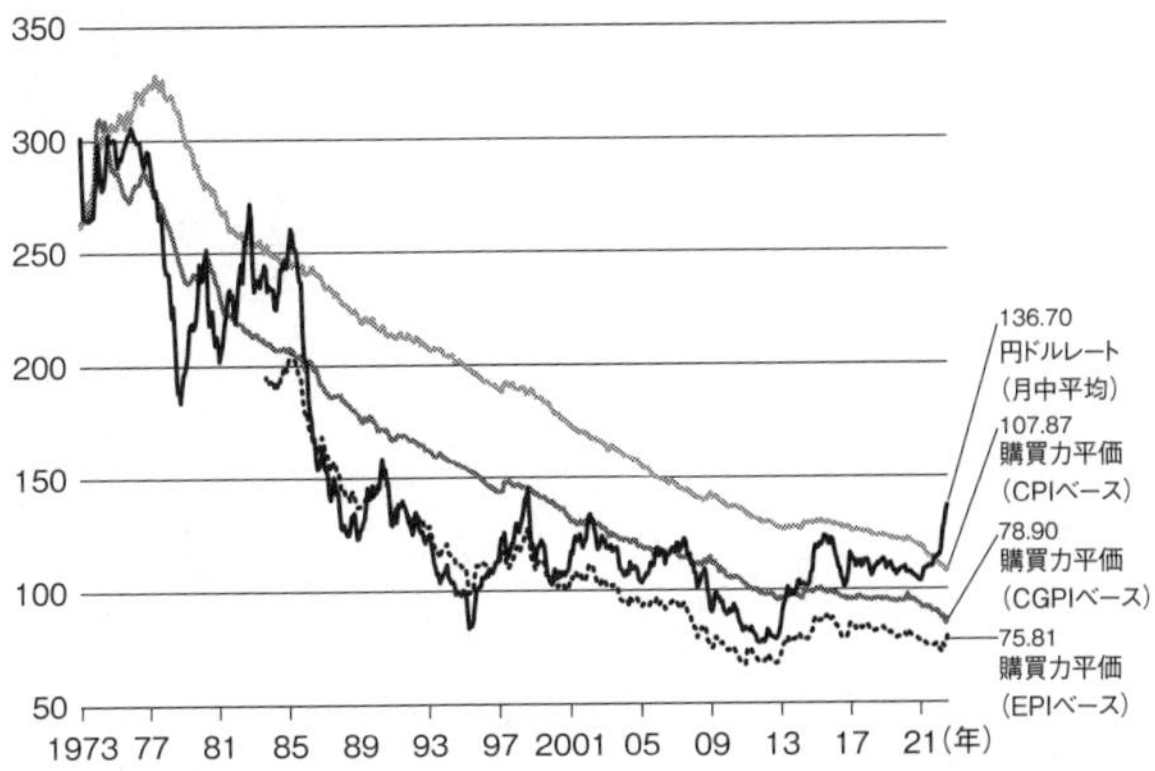

出所：国際通貨研究所 https://www.iima.or.jp/files/items/3098/File/doll_yen.pdf
データ：消費者物価、日本 総務省、U.S. Department of Labor。企業物価と輸出物価、日銀、U.S. Department of Labor。ドル円相場、日銀購売力平価（CPIベース）、購売力平価（CGPIベース）は1973年基準。購売力平価（EPIベース）については、米国の現在の輸出物価指数が1973年まで連続して遡及できないようになったため、以前に遡及できた際に購売力平価と実勢相場との乖離が比較的小さかった1990年を基準年として算出した。

のがわかる。これはプラザ合意前の1985年以来のかなり珍しい状態である。したがって、購買力平価と比較すると現在の1ドル140円台という水準は円安すぎるということであり、現状の日米物価格差が続いた場合、ドル円は長期的にはゆっくりと購買力平価近辺のドル安・円高に戻るという動きが想定される。

第 7 章

為替介入の効果はあるのか

2022年3月半ば以降、円安の進行に伴い、為替相場水準が重要な節目を迎えるたびに円安をけん制する要人発言とともに為替介入を行うかという話題があがってきた。例えば、最初の重要な節目となっていた1ドル125円に達した3月末には鈴木財務相が「いわゆる悪い円安にならないようにしっかりとした注視する」（3月29日閣議後会見にて）と発言した後に、岸田首相も「為替の安定は重要であり急速な変動は望ましくない」（3月31日の衆院本会議にて）と発言した。こうした発言は、いわゆる「口先介入」といわれるものであるが、さほど効果は見られなかった。このような口先介入はそれ以降も幾度となく試されてきたが、為替介入という選択肢がいよいよ現実味を帯びてきたのは9月14日である。1ドル145円に接近する場面で、日銀のレートチェックが入ったというニュースが流れた直後にドル安・円高に転じ、その後の欧米市場で2円以上も円高に振れた。市場で為替介入への警戒感は高まってきているが、果たして為替介入に効果はあるのかどうかについて、ここでは考えてみたい。

1 為替介入とは

為替介入の目的

まずは簡単に為替介入についておさらいしておこう。各国の通貨当局は、為替市場メカニズムを通じて為替レートに影響を与えることを目的に為替介入を行う。ここで注意すべき点は、日本の場合は為替介入の決定は財務省（政府）に委ねられており、為替介入の実施は日本銀行が行うという立て付けになっていることである。[21] 為替介入の目的は、それぞれの相場制度によって異なる。一般的に、固定相場制を採用する国は、外国為替市場における需給ギャップを埋め、固定相場を維持するために為替介入を行う。一方、日本のような変動相場制採用国は、原則として為替レートを為替市場の需給関係に任せて決定することになってい

21 新聞やニュースで為替介入が行われた際に、「政府・日銀が為替介入を実施」と書かれるのはこのためである。

図表7-1　これまでの為替介入金額と円ドル為替レート

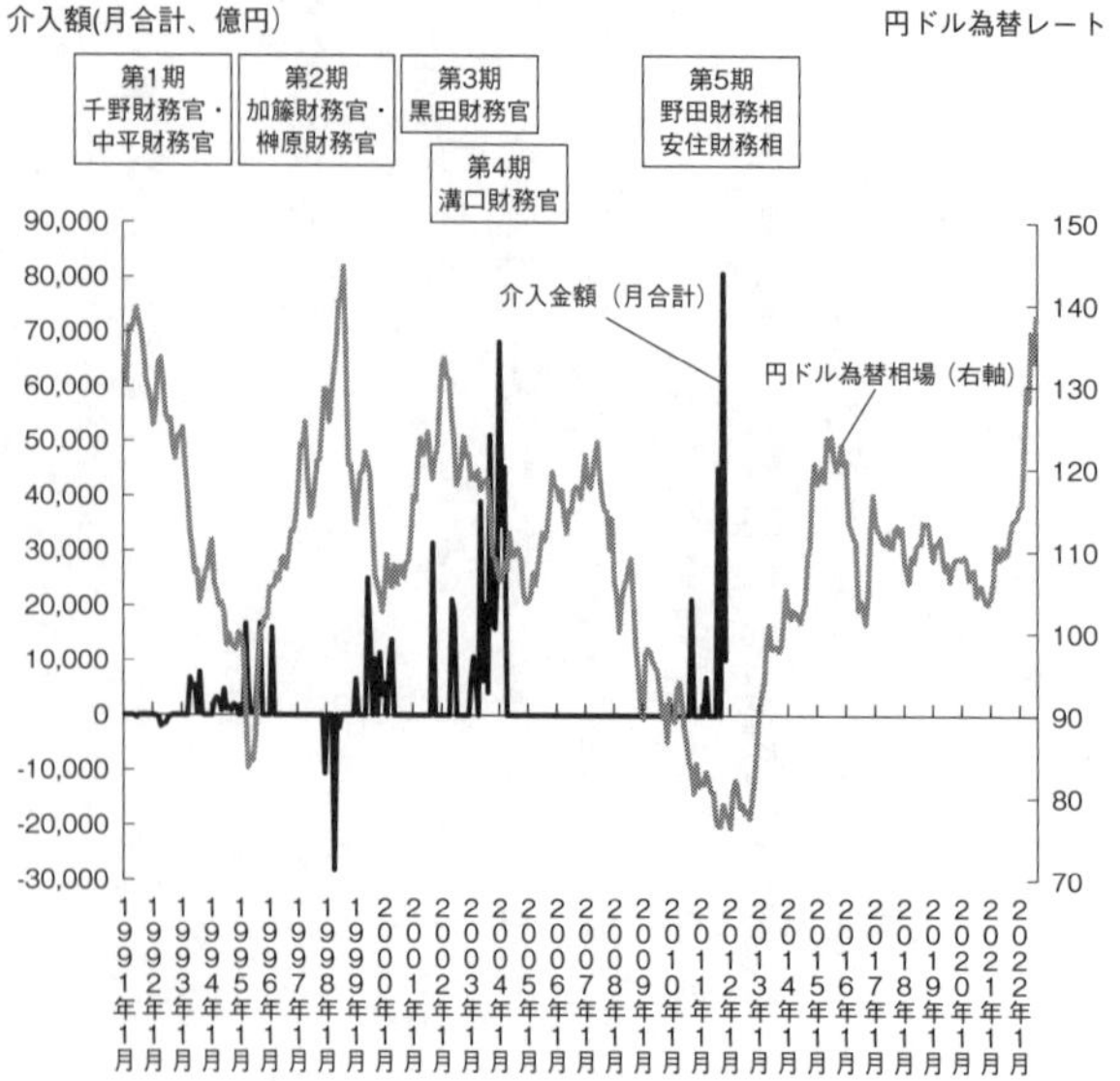

データの出所：財務省外国為替平衡操作の実施状況

るが、過度な為替変動を避けるための為替相場安定化（スムージング）のため、あるいは為替レートをある目標に誘導するために為替介入を行う場合がある。

　これまで日本では、過度な円高ドル安の場合には、円売り・ドル買い介入が、過度な円安ドル高の場合は、円買い・ドル売り介入が行われてきた。財務省が公表している外国為替平衡操作の実施状況（1991年以降のデータ）

に基づいて作成した図表7－1によれば、財務省は1992年前後と1998年のアジア通貨危機時にドル売り円買い介入をした以外は、ほぼ一貫して円高に対してドル買い円売り介入をしていることがわかる。

「不胎化」と為替介入の効果

為替介入は、通常は自国通貨と基軸通貨である米ドルの間の為替レートに対して行われる場合が多い。[22] したがって、為替介入をすることにより、外貨準備高が増減するとともに、国内のハイパワードマネーも増減する。例えば、ドル買い介入の場合は、その反対取引として円売りをしていることから、市場に円を供給する＝ハイパワードマネーの増加をもたらす。この影響を取り除くために、公開市場操作（オペレーション）で売りオペを実施し、増加した円資金を吸収する。この操作を不胎化政策という。前述の通り、為替介入は通貨政策に関

22　2000年代以前の欧州諸国においては、ユーロ導入前は欧州の中心通貨であった独マルクに対して行われていた。

わるということから財務省が担い、金融政策は日銀が担っている。通貨政策の結果として、金融政策に影響を及ぼすことは望ましくないとの見解から、為替介入を行う際には同時に不胎化が行われることが多い。しかし、例えばリーマンショック時の急激な円高進行時に行われたドル買い円売り介入では、そもそも金融政策としても大規模な金融緩和政策が行われており、ドル買い介入の結果として円が市場に放出されることは当時の金融政策と一致していたことから、不胎化は行われなかった。[23]

為替介入の効果という点では、不胎化政策を伴わない為替介入の場合は、介入による貨幣供給残高の変化を通じて為替相場に影響を与えることができる。例えば、円高抑制の為替介入（＝ドル買い介入）を行うと、ハイパワードマネー（貨幣供給量）の増加から、金利低下、または物価上昇が起こり、その結果として円安ドル高になる。しかし、介入と同時に不胎化政策が行われると、前述のような貨幣供給残高の変化を通じた金利や物価の変化は生じない。こうした不胎化介入が為替レートに与えるチャネルとしては、シグナリング・チャネル（アナウンスメント効果）とポートフォリオ・バランス・チャネルの2つが考えられる。シグナリング・チャネルは、為替介入が将来の金融政策の変更を示唆するシグナルとして市場が受け取り、それに反応するというものである。ポートフォリオ・バランス・チャネルは、国内資産と外貨資産の代替性の有無に依存する。すなわち、両者が完全代替的でない場合のみ、不胎化介入はポートフォリオ・バランス効果を通じて、為替レートに影響を与えうる。[24]不胎化政策を伴う為替介入の効果については、様々な実証研究があるが、例えば複数の中央銀行が同時に為替介入を行う協調介入の場合に、シグナリング・チャネルを通じたアナウンスメント効果が高いことが示されている。

23　当時のニュースや新聞では、不胎化を伴わない為替介入と報道されていた。
24　例えば、円売り・ドル買い介入における不胎化政策で円債の売りオペをすると同時に、ドル買いで増えた外貨準備でドル建て債券を買うことになる。これは、円建て債券からドル建て債券へ需要が移ることを意味する（ポートフォリオ・バランスの変化）。その結果、ドル建て債券に対する円建て債券のリスクプレミアムが上昇し、ドル高円安がもたらされる。しかし、このポートフォリオ・チャネルによる効果は、日米においては円債市場、ドル債市場のどちらも巨大な市場であり、介入金額分の債券の代替が起こったとしてもそれがリスクプレミアムの変化にまで至らず、この効果を実証した研究は現時点ではない。

2　為替介入手法の変遷

第4期までの財務官と介入手法の特徴

90年代以降日本の通貨当局が行ってきた介入手法は大きく変遷してきている。日本の為替介入に関する先行研究では、財務省で実質的な介入を担当する財務官によって介入手法に大きな変更があったことが指摘されている（Ito（2003））。外国為替平衡操作（為替介入の正式名称）金額と円ドル相場の推移を表した図表7－1にしたがって、実質的な介入を担当する財務官の在任期間に応じてサンプル期間を5つに分け、日本の介入手法の変遷をまとめてみよう。それぞれのサブサンプル期間は、第1期（1992年6月15日－1995年6月20日）、第2期（1995年6月21日－1999年7月7日）、第3期（1999年7月8日－2003年1月13日）、第4期（2003年1月14日－2004年3月31日）、および第5期（2010年）となる。

まず4つの期間で介入日数が一番多いのは第1期の145日で、5・4営業日に1回介入があった計算になる。一方、1日あたり平均介入額は488億円と最も小さい。すなわち、1日あたりの介入額は多くないが頻繁に介入が行われたのがこの期間の特徴となっている。介入手法については、公表介入が占める割合は少なく、非公表介入が7割と最も多かった。[25]

次に、第2期（榊原在任期間中）の介入日数は24日と一番少ないが（44営業日に1回の介入）、その反面1日あたりの平均介入額は5105億円と多く、介入日を限定して大規模な介入を行っていたのがこの期間の特徴となっている。また、この期間は公表介入が占める割合が9割以上を占めており、さらに米国やG7各国の中央銀行と一緒に介入を行う協調介入も複数行われ、大きな効果を上げた。

第3期は介入日数が25日（36・7営業日に1回の介入）、1日当たり平均介入額は5282億円と最大であり、そのすべてが公表介入で行われている。この当時の担当者は現日銀総裁である黒田東彦財務官であった。

25　介入の公表、非公表の分類については、各ニュースソースから介入報道の有無を分析した清水（2004）による。

第4期はそれ以前の公表介入主義から一変して、介入日数と覆面介入の割合が多く、1カ月間の最高介入金額を次々に更新している点が特徴となっている。介入日数は129日と頻《ひん》繁《ぱん》になり（2・8営業日に1回の介入）、継続して介入される場合が多くなった。その中でも介入した事実を隠す、いわゆる覆面（ステルス）介入は96日と最も多く、覆面介入の場合でも平均介入額が2090億円と大規模である点がこれまでと異なっている。[26] このように徹底した覆面介入姿勢とともに、2003年以降は毎月末に財務省よりその月の介入金額の合計が、また3カ月ごとに介入日および介入額を発表するのが恒例となった。[27]

過去最大となった第5期

第5期は、リーマンショック後の円高進行時に約6年半ぶりに民主党政権下で2010年9月15日に単独で行われた。約15年ぶりの高値である1ドル80円台前半で連日高値更新が続く中、当時の野田佳彦財務相は同日午前、財務省内で記者団に対して、「為替相場の過度な変動を抑制するため、為替介入を実施した」と明らかにした。しかし介入の効果は一時的なものに終わり、この介入は1日限りで継続されなかった。2011年3月には、東日本震災後に進んだ円高に対して先進各国が協調してドル買い介入を行い、その結果ドル円相場は一旦反転した。先進国が協調して為替相場に介入することで、アナウンスメント効果が増幅されたためである。しかし、その後も円高基調は続き、円相場が1ドル＝75円32銭の史上最高値を付けた10月末から11月末にかけて、財務省は外国為替市場で合計9兆916億円の為替介入を実施した。これは、月間の介入額としては2004年1月（6兆8218億円）を抜き、過去最大となった。当時の安住淳財務相は介入直後の記者会見で「納得いくまで介入する」と語っていたが、政府・日銀が自らの正体を隠して介入する「覆面介入」の有無は明言を避けていた。介入金額が大きかったことで市場に対する介入警戒を強めることに成功し、その後相場は反転した。

26 この時期からニュースワイヤによるインタビューに対して政府高官は「介入の有無はノーコメント。アナウンスメントは月末にまとめてする。3カ月ごとに介入の詳細を発表しているのでそれを見てください」と発言するようになり、介入手法も市場に介入情報が伝達しにくい手法を選択するようになった。

27 2004年以降は再び報道される介入の数が増えている。この背景には、覆面介入の増加が（介入指定行として選ばれる）邦銀優先に対する外資系銀行やヘッジファンドからの批判を招いたことがあるといわれている。

3　為替介入の効果の理論的検証

為替介入の効果をどう計るか

為替介入の効果の検証は、これまで年代ごとにそれぞれ様々な考え方や手法の下で行われてきた。1970年代から80年代前半においては、前述したように不胎化された介入が為替相場に与える影響について懐疑的な見方が強かった。一方、それ以降の研究は不胎化介入の効果に肯定的な分析が行われるようになり、主にシグナリング効果の検証などが多い。これは、1985年9月のプラザ合意以降に主要先進国の中央銀行が大規模な為替介入を盛んに行ったことによる。市場参加者は、大規模な介入、特に複数の先進国が同時に介入する協調介入によって将来の為替相場に対する大きな変化を予想し、行動するというシグナリング効果が実証された。日本の財務省が行った為替介入の円相場に対する効果を扱ったIto（2003）は、1991年から2001年までの介入データを詳細に分析し、この期間の介入の実施方法が通貨当局の介入担当者によって明らかに異なることを示すとともに、1995年から2001年に行われた介入の効果があったことを実証している。一方、不胎化介入にはシグナリング効果の他にポートフォリオ・バランスを通じた効果もある。Dominguez-Frankel（1993）は、イベントスタディの手法を使ってポートフォリオ・バランス効果が存在することを確認しているが、通常の介入規模は債券市場規模と比較すれば小さいため、不胎化介入によるポートフォリオ・バランスの変化から生じるリスクプレミアムの変化を実証分析で捉えることは難しいことを示唆している。

マーケットマイクロストラクチャー理論

前述した2つの効果の他に、マーケットマイクロストラクチャー理論におけるオーダーフローの効果に注目して為替介入の効果を検証することができる。オーダーフローとは、為替市場における市場参加者の買いと売りの差額を集計したものであるが、Evans-Lyons（2001）はオーダーフローを用いた〝micro portfolio-balance approach〟により、介入がポートフォリオ・バランス・チャネルを通じて為替レートに与える効果があることを指摘している。[28] さらに、Evans-Lyons（2005）はCitibankの顧客注文をそれぞれのセグメントに分けて分析することにより、オーダーフローに為替の予測力があることを示した。また、Osler-Vandrovych（2009）は、Royal Bank of Scotlandの取引データを6種類の顧客と4種類の金融機関に分類して分析することにより、ヘッジファンドなどの投資家のオーダーフローには為替の予測力があり、そのような取引を仲介している金融機関も顧客の注文から情報を得ている可能性のあることを示している。特に、ヘッジファンドなどの一部の金融機関の注文は為替相場に影響力を持っているということが徐々に解明されている。中央銀行による為替介入も、こうしたヘッジファンドの注文と同様、あるいはそれ以上の規模で行われているのであれば、為替相場に影響を与えることは可能である。

4 為替介入の効果はあるのか

円安に対する為替介入

9月22日、前日の米国市場では米FRBが0・75%の利上げをし、スイス中央銀行も利上げに追随するさなか、黒田日銀総裁は日本の金融政策に変更がないとの記者会見を行い、円ドル相場は1ドル146円手前まで円安が進行した直後、日本政府は24年ぶりにドル売り円買い介入に踏み切った。2022年以降の円安に対しては、これまで円安をけん制する発言が繰り返されていたが、実際に市場介入に踏み切るかどうかは疑問の声もあっただけに、突

28 赤司、清水、村越（2015）は、2003年から2004年にかけての日本の大規模な覆面介入時期のデータを用い、介入金額をオーダーフローの一部として捉え、当局と市場の2つの反応式を同時方程式トービットモデルによって定式化して実証分析したことにより、1兆円の円売り介入によって当日中に1円以上の円安誘導を実現していた可能性があることを示した。

然の介入実施のインパクトは大きく、円相場は140円前半まで買い戻されたのちに142円台でもみ合いが続いた。しかし、その後は徐々に円安方向に値を戻しており、為替介入の効果は一時的なものに終わった。

3つの不安要素

現在の円安に対して為替介入はどれほどの効果が期待できるのだろうか？　この点について、以下3点の不安要素が指摘される。

第1に、不慣れなドル売り円買い介入である。前述のとおり、為替介入はその時期や手法により、介入後の為替相場推移に影響を与えたものもあるが、効果があったとされる実例はさほど多くはない。協調介入かつ大規模介入はそれなりに効果的ということは検証されているが、これは実はサンプル自体が限られている。また、日本は先進国の中でも多く介入を実施してきた国ではあるものの、これまで行われてきた介入の多くが、円高を阻止するためのドル買い円売り介入であり、円安を阻止するためのドル売り円買い介入については実は経験が乏しいという点について注意が必要である。ドル買い介入とドル売り介入には、売り買いの差以上の大きな違いがあるのだ。

ドル買い介入では、市場で円を売ってドルを買うことになるため、結果としてドルの外貨準備が増える。売るための円は自国通貨なので、足りなければいくらでも刷ることができる。例えば、中国は2005年7月に人民元改革により変動相場制へと移行した結果、長らく人民元高圧力に対してドル買い人民元売り介入を実施してきた。その結果、外貨準備高が増加し、2006年には日本を抜いて世界第一位となった。しかし、ドル売り自国通貨買い介入の場合は、米ドルは自国通貨ではないので、それを売るためには自国で保有しているドル、すなわち外貨準備を使って市場で売ることになる。つまり売るためのドルの量には限界があるのだ。

例えば、2015年8月から2016年にかけてのチャイナショックでは、これまでずっと続いてきた好調な中国経済に陰りが見えたとして中国株が大暴落し、人民元安が進行した。この時は、為替市場での人民元の売り圧力に対して中国政府は人民元買い介入で対抗し、1カ月で1000億ドル前後の外貨準備が失われたといわれている。日本では、2022年11月以降資源価格の高騰を背景として貿易収支は赤字が継続しており、財務省が9月15

日に発表した8月貿易統計速報は、貿易収支が2兆8173億円の赤字と、比較可能な1979年以降で最大となった。このような貿易赤字継続に対する解決策が全く見当たらない時期にドル売り介入を実施するのは、いくら日本の外貨準備が潤沢であるとはいえ、為替市場の投機筋に円売りアタックを行う契機を与えかねない恐れもあり、得策とはいえない。

第2に、円買いドル売り介入を行う際には、当然のことながら円相場だけでなく米ドル相場にも影響を与えることから、相手先通貨国である米国の承認が必要である。上野（2022）が指摘するとおり、米国には「為替操作国」の認定制度があり、もともと人為的に為替を操作することを嫌う傾向がある。現在の米国経済にとって最優先課題であるインフレを抑えるためには、輸入物価を押し下げるドル高のほうが好都合のため、ドル安要因となる日本政府による「円買いドル売り介入」を快く思わない可能性が高い。もしそれでも為替介入を実施する場合には、日本の単独介入として行わざるを得ず、そうなると過去の例からも指摘されるような効果の高い協調介入を期待することは難しいだろう。

第3に、今回の円安の担い手の一つとなっている「ミセスワタナベ」たちの動きである。日米金利差の拡大が鮮明化し、外国為替市場で円相場の先安観が広がる中、外国為替証拠金

（FX）取引を手掛ける個人投資家「ミセスワタナベ」が円売り・ドル買いの動きを強めてきた。FRBの大幅利上げが続く限りは円が上昇基調に転じる可能性は低いとして、相場が円高・ドル安の方向に少しでも傾くと「逆張りの円売り・ドル買い」が膨らむ構図となっている。金融先物取引業協会が公表している店頭外国為替証拠金取引の状況を見ると、全通貨ペア合計の取引金額は2022年6月には過去最高の1229兆円を記録し、ドル高が進むとともに「ドル円取引」の総建玉に占めるドル買い建玉の比率（ドル買い比率）はドル売り比率を上回っている。こうしたFX証拠金取引における個人の円売り・ドル買い意欲が簡単に変調しない理由は、日米金利差によるスワップポイントの存在である。ドルは今や高金利通貨としての魅力が増している。FX取引で低金利通貨を売って高金利通貨を買えば、両通貨の短期金利差を「スワップポイント」として受け取れる。このスワップポイントは、金利差の拡大とともに大きくなっており、1万通貨で運用した場合の1日当たりのドル買いスワップポイントは、2022年初めは10円程度だったのが、9月には100円と約10倍になっている。

これは、逆に円買い・ドル売りの持ち高を保持していると、上述したスワップポイントの支払いが必要となってしまうことから、ドル売りポジションはとられにくい。このように、継続的な米国の大幅利上げでコストの増加が見込まれる円買い・ドル売りの持ち高を保有し続けるのは難しいため、長期視点でスワップポイントで稼げる円売り・ドル買いを始める投資家もいる。こうした投資家にとって、為替介入による一時的な円高局面は新たなドル買いポジションを作る場を提供しているようなものだ。

日本以外の先進国では米国の利上げに追随する動きがみられ、金融緩和を継続している国は日本以外にはない。単独介入での効果は、さらなる円安進行防止にはなるものの、相場の反転までは期待できないだろうか。円安トレンドを修正するためには、為替介入といった一時しのぎの手段ではなく、一日も早くインバウンドの正常化を図り、少なくともサービス収支の赤字の減少→黒字化を目指すなど、貿易収支赤字を減らす具体策を提示すべきだろう。

第 8 章

円安を好機とする望ましい政策は何か

第6章で論じたように、現在の円安はすぐには解消されず、当面継続する可能性がある。これまで数年間にわたり安定的に推移していた1ドル110円前後の水準から約半年間で30円近く円安になっており、2022年7月以降は輸入物価を通じた原材料高からいろいろな商品の値上げが問題となっている。消費者物価上昇率2%を目標に金融政策を行っている日本にとっては、この円安が長らく続いたデフレからの脱却に一役買うのであれば必ずしも悪いことではないと当初は考えられていたが、こうも急激であると、コストプッシュインフレからスタグフレーションに陥る危険性もあり、金融政策のかじ取りがさらに難しくなっている。

「悪い円安」と言われるゆえんは、これまで円安によるデメリットが強調されすぎており、さらにこの円安に対する対抗策が現時点ではないからだ。円安には、第2章でも説明したように、メリットとデメリットがある。この円安に対峙するうえで大事なことは、円安を好機として中長期的な視野でプラスとなるような政策を進め、その姿勢により現在の円安を食い止めることである。以下、この円安を好機ととらえ、円安のメリットを最大限に生かす政策について考えてみたい。

1　円安を最大限生かす政策とは　①インバウンド

日本の財・サービスが外国人にとって割安に

円安には、日本の財・サービスが相対的に安くなる効果がある。したがって、海外の人に来てもらう、あるいは海外の人に買ってもらうという行為を促進することが最も短期的に円安のメリットを享受できる。前者は、インバウンド（訪日外国人の消費）であり、後者は越境ＥＣである。

インバウンドを取り戻すことができれば、国内の消費は急拡大する。新型コロナ感染拡大前は訪日する外国人観光客数が年間３０００万人を超えていた。今回の円安により、日本国内の価格は諸外国と比較するとかなり安くなった。前述のビッグマック指数を見ても、ビッグマックの世界の値段を円（1ドル１３８円）に換算すると、米国７１０円、シンガポール５８５円、中国４９０円、韓国４８３円であり、いずれも日本の３９０円よりもかなり高い。

筆者も2022年8月初めに2年半ぶりにシンガポールに海外出張をしたが、学会会場のホテルは大学経費の上限をはるかに超えており、別の安いホテルに宿泊せざるを得なかった。これは、裏を返せば、日本の宿泊費、食事代、お土産代などが、コロナ前に日本を訪れていた外国人にとっては20%値下がりをしたというような感覚になることを意味する。[29] 幸い、化粧品など人気のあるメイド・イン・ジャパン製品ではまだ目立った値上げは行われていない。日本には海外旅行者にとって魅力的な商品がたくさんある。これらの消費が行われるような状況を一日も早く実現すべきである。

政府が6月1日から外国人の入国者を1日1万人から2万人に引き上げて、団体客の受け入れを開始したものの、6月の団体客の実績はわずか252人と少なかった。国が義務付けている入国者健康確認システムへの事前申請に基づくと、7月19日時点の観光目的の入国希望者は7月9057人、8月4333人、9月以降1190人と低調だ。1日2万人の入国者数上限やビザ取得義務など厳しい規制が障壁となっており、なかでも団体旅行しか認めていないことが回復の足を引っ張っている。以前は8割が個人旅行になっていて、彼らが団体旅行よりも大きな消費金額を落としていたことからも、インバウンド解禁はまだ不十分であった。9月7日に、政府はさらなる水際対策の緩和を発表した。その内容としては、9月7日からワクチン3回目の接種証明があれば、入国・帰国者全員に義務付けてきた出国前72時間以内の陰性証明書の提示を不要とする。あわせて、すべての国を対象に、添乗員を伴わないパッケージツアーの受け入れを始める予定があることも打ち出した。

こうした政府の発表では、何を根拠にこのような変更を打ち出したのかという説明がなされていない。熊野（2022）によれば、レジャー産業はこれまでの需要不足で過剰雇用が存在していると予想していたら、実は6月の日銀短観の業種別雇用人員判断DIでは、宿泊・飲食サービスは人手不足であったという。レジャー関連の業界は、先行きの需要動向が不安定なので、新しく採用ができずに、削減したままの人容で営業していると考えられるそうだ。

29　もっとも、日本に上陸しているハイブランドの店は2021年以降、数度にわたって値上げをしている。ルイ・ヴィトンは2022年2月には10～25%の値上げを行っており、ティファニーも9月1日から大幅な価格改定をアナウンスしている。

観光客急増で起こりうること

政府が突如、個人旅行を解禁したらどうなるか。著名なレストランは予約でいっぱいになり食材や人員が足りなくなるかもしれないし、アジアの観光客が押し寄せればこれまでのインバウンドで人気の高かった日本製の高級化粧品などは供給不足になる可能性もあるかもしれない。

日本政府は感染状況がどうなったら入国者をどの程度増やすのか、どうすれば個人旅行でも受け入れるのかという目安を具体的に示すべきだ。全国的に展開するのが難しい場合には、地方自治体にその決定権の権限を一部委譲し、個人旅行を受け入れてみてはどうだろうか。例えば、北海道内で行動範囲や医療体制をどうするかという独自の基準や仕組みを設けて、道民の理解を得たうえで、北海道内の空港や港を利用して隣国からの観光客を道内限定で受け入れるということもできるかもしれない。この受け入れが成功すれば（あるいはうまくいかなかったとしても）、その経験を政府やその他の地域が参考にでき、今後の施策に生かせるだろう。

円安のプラス効果を短期的に国民にもたらすのはインバウンドだからこそ、政府は入国措置の緩和計画の根拠となるデータを逐次報告し、例えば入国上限人数の変更を誰もが予想できるシステムを整え（○○が△△になったら入国上限を×人にする、など）、企業やサービス業者が思い切った増産や人的投資ができる環境を整えるべきである。先を見越してホテルや観光施設が従業員を増やし、メーカーが商品を増産するなど準備ができるようになれば、外国人客が戻ったときの儲けるチャンスを100％生かせる。インバウンドをうまくアナウンスメントしながら徐々に開放していくことで、国内生産や国内需要を喚起し、経済にプラスをもたらすことができるだろう。

求められる構造転換――サービス収支で貿易赤字を補う

将来的には日本の貿易赤字を第一次所得収支だけでなく、サービス収支で補うという経常収支の大きな構造転換を行う必要もある。日本のサービス収支の中で、現在黒字を維持しているのは、前述の旅行収支関連以外に、知的財産権等使用料がある。これは、特許権や意匠権などの産業財産権の使用料のほか、ノウハウの使用料や経営指導料が含まれる「産業財産権等使用料」収支と、ソフトウェアや音楽・映像などを複製・頒布するための使用権料、著作物の使用料などが含まれる「著作権等使用料」収支から構成される。この中では、「著作権等使用料」収支についてはまだ赤字である一方、「産業財産権等使用料」収支の黒字が年々拡大することで、「知的財産権等使用料」収支の黒字拡大に寄与してきた。現在はまだ赤字の著作権等使用料についても、クールジャパンとして若者を中心に人気を高めているアニメなどを中心に、海外における違法配信の取り締まり強化や、海外コンテンツ配信の際により多くの著作権手数料を入手できるような枠組みの整備などが今後のサービス収支黒字化のために急務となる。

政府は今まで以上に日本の旅行収支をはじめとするサービス収支黒字を増大させるための迅速な施策を模索すべきである。一方でインバウンドによる内需が急増した時に、日本国内の必需品の物価が急騰することないようにうまく物価コントロールするということに、日銀の手腕が問われている。

2　円安を最大限生かす政策とは　②越境EC

拡大する越境EC

もう一つ、インバウンドが本格化する前から手がけることができるのは越境ECの促進である。コロナ禍の外出自粛や自宅でのテレワーク推進で国内の電子商取引（EC）市場規模は拡大している。経済産業省が2022年8月12日に公開した「電子商取引に関する市場調査報告書」の中の世界のBtoC-ECによると、2021年の世界のBtoC-EC市場規模は4・92兆ドル、EC化率は19・6%と推計されている。世界的な新型コロナウイルス感染拡大を背景にEC需要が増加し、市場規模およびEC化率の増加につながったとみられている。その後も市場規模の拡大とEC化率の上昇が予想されており、2025年には7・39兆ドル、EC化率は24・5%にまで上昇すると予測されている。

EC市場規模のランキングは、中国が全世界の52・1%、続いて米国の19・0%で、日本は英国に次いで4位だが、シェアは3・0％とまだ小さい。[30] 前述の報告書では、日本、米国、中国3カ国間の越境EC市場規模のそれぞれ双方向の売買の金額を算出している。それによると、日本からの越境EC購入額は、米国の購入額全体の25・7％、中国の購入額全体の9・7％を占めていることが示されている。米国および中国は世界で7割を占める越境EC購入国であり、今後も増加傾向にあることから、日本はEC先進国のこれら2国に向けて、さらに越境EC購入の対象となる財を提供することができる。

根強い日本製品人気、価格の安さもアピール

同様に、BEENOSグループが公開した「越境ECの利用意向調査」結果（2021年9月実施）によると、越境ECを活用してでも日本の商品を購入したい理由は、1位が「自国で購入できないから」77％、次いで「価格が安いから」37％、「品質がよいから」31％、「日本ブランドに安心を感じるから」26％などとなっている。2番目に価格が安いからが入っているが、今回の円安局面では人民元に対しても2022年1月の1元18円前後から2022年6月以降は1元20円台前後となってかなり人民元高になっていることから、中国の顧客に

とってもさらに価格の安さをアピールできる。

中国からのインバウンドが急激に増大し、いわゆる「爆買い」といわれるようになったころから、中国のユーザーによるインターネットでの日本製品購入が増え、年々購入金額が増大している。当時から安定して人気が高いのは、日本製の「紙おむつ」「粉ミルク」や「化粧品」などの衛生用品である。これは、中国人の高級安全志向の高まりとともに、子どもが口にするものや肌に直接つけるものは日本の厳しい品質管理基準をクリアした日本製品を使いたい、というニーズが高いからである。中国顧客のニーズに合った商品をさらに開発する余地はある。

図表8－1は、日本の近隣諸国通貨の2021年1月1日～2022年9月1日の期間の対円相場上昇率を表している。最も円安（相手国通貨高）になったのは対米ドルの34・9％であるが、アジア通貨の中でもインドネシアルピア、人民元、シンガポールドル、台湾ドル

30　ただし、中国におけるTmall Global（天猫国際）のように、中国事業者のECモール上に日本企業が出店し、多数の日本製品が販売されている事例もあり、中国でのECのすべてが中国企業というわけではない。

図表8-1　近隣国通貨の対円相場上昇率
（%、2021年1月1日～2022年9月1日）

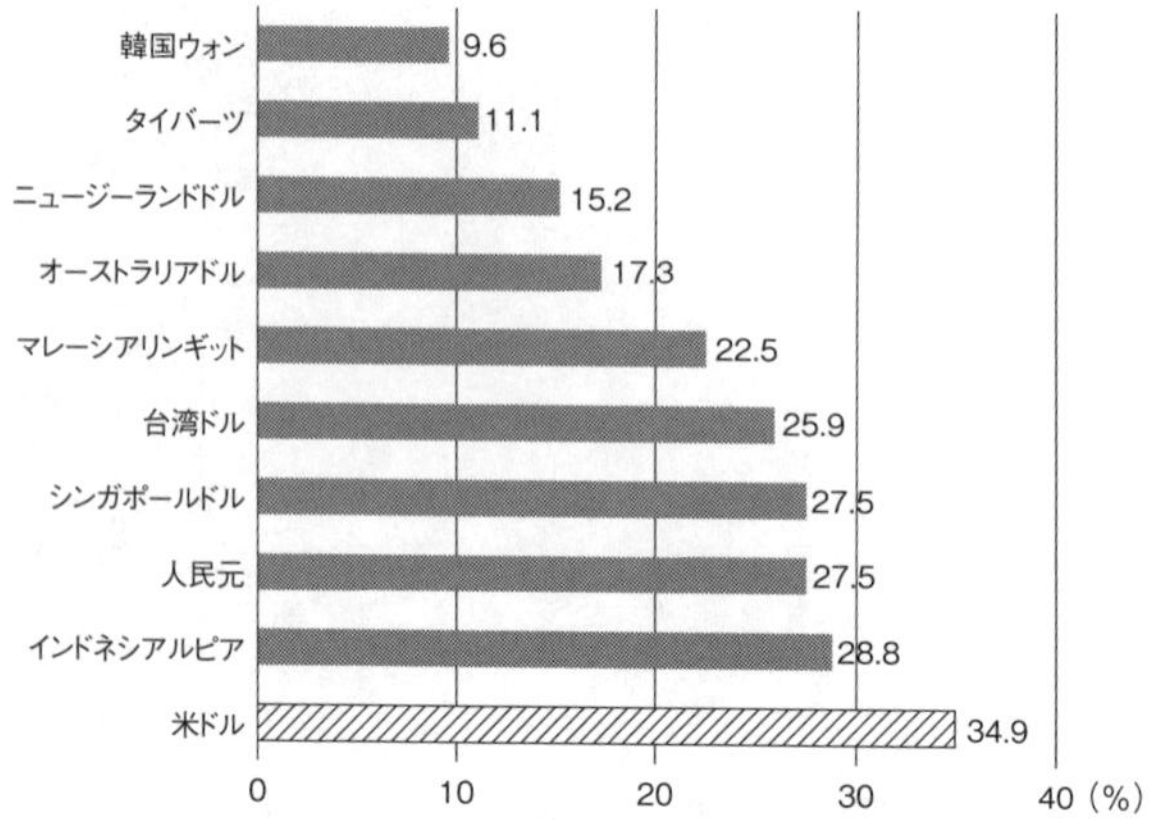

筆者の計算による

は25％以上円に対して強くなっている。

このことは、日本の商品を従来の25％引きで購入できるということを意味している。これらの国では日本と異なり近年インフレ率も上昇していることから、越境ＥＣモールで日本製品を取りそろえれば、円価格で少々値上げをしてもまだ安いと感じてくれるはずだ。

前述したように、インバウンドと越境ＥＣはそれぞれがお互いを促進するという関係にある。インバウンドができない今、まずは越境ＥＣサイトで商品販売を行い、インバウンドが可能となったのちには実店舗に来てもらうということで相乗効果がある。この円安期に地方自治体も自前のＥＣサイトを開設し、地元の特産品や観光地をアピールし、インバウンドの窓口を今から準備していってはどうだろうか。

3 円安を最大限生かす政策とは ③外資の国内誘致

世界最下位の対内直接投資

清田（2021）によれば、２０１９年の日本の国内総生産（ＧＤＰ）に占める対内直接投資額（ストック）は４・４％であり、世界２０１カ国中最下位の２０１位だったそうだ（UNCTAD, 2020）。対内直接投資とは外資系企業による投資を意味しており、この比率が最下位ということは、日本は外資系企業のプレゼンスが世界で最も低い国であることを意味している。この結果は、経済の規模を考慮すると、外資系企業にとって、日本は世界で最も閉鎖的な国、あるいは最も魅力のない国であることを清田氏は指摘している。

日本は、対外直接投資残高の大きさは、他の主要国と遜色ない水準となっており、対米の対外直接投資残高においては、日本が3年連続で首位となっているほどであるのに対して、対内直接投資残高の規模の違いが際立っている。[31] 第2章の国際収支の発展段階説において、英国は第6段階の債権取り崩し国に位置するとしていたが、対内直接投資残高の名目GDPに対する比率は66・9％（2018年末）と日本とは比較にならないくらい大きい。

葭中・石本（2019）によると、外資系企業へのアンケート調査では、日本での事業展開を阻害する要因として、ビジネスコストの高さや人材確保の難しさが挙げられている。ビジネスコストについては人件費と税負担、人材確保については英語でのコミュニケーションの困難性を指摘する意見が多いそうだ。

日本の立地条件が改善

日本はこれまで人件費や生活費が高いといわれてきた。しかし、今回の円安と日本の賃金上昇率や物価上昇率の低さは、従来デメリットとされてきた日本の立地条件をかなり改善しているのではないだろうか。英語でのコミュニケーションも、東京オリンピック前の準備でかなり改善されただろう。これまで、日本に一度は対内投資をしながら事業撤退する外資系企業は、別の国に事業機能を移転する場合、他のアジア諸国を選択するケースが多いといわれてきた。確かに、アジアのどこかにアジア統括拠点を置くならば、利便性や英語能力の高さからシンガポールが最も適しているといわれてきたが、近年のシンガポールの物価の高さとシンガポールドルの増価を見ると、もう一度シンガポールから東京に拠点を誘致するチャンスはあるのではないだろうか。

現在の歴史的にもかなり円安といえる水準を背景に、日本の長所である①経済が安定していて、②優秀な労働力があって（元気な高齢者の活用を想定している）、③信頼性の高い高品質な財が作れるという点を生かし、外資を誘致できるような工業団地を作り、海外企業を誘致するぐらいのことをしてもいいのではないだろうか。メイド・イン・ジャパンのブランド力がまだ残っているうちに、再度、外資誘致にトライする価値はあるだろう。世界がウィズコロナに移行し、ロシア・ウクライナ危機が収束すれば、世界の直接投資もまた活発にな

31 外資系企業による対内直接投資の動向について財務省のデータを見ると、新規投資や事業拡大（資本流入）が緩やかに増加している一方、撤退や事業縮小といった投資の回収（資本流出）も同程度あり、結果としてネットでの対内直接投資残高の伸びは大きくないという状態が続いている。

るだろう。少子高齢化が進み、内需の回復が期待できない日本にとって、外資や外国人の訪日なくして今後の成長の展望を描くのは難しい。ポストコロナを見据えて、外資の誘致を政府、地方自治体ともに積極的に進める政策が不可欠となるだろう。[32]

4 国内回帰はあるのか

為替変動は副次的な要因

第3章で、企業が直面する為替リスクとして為替経済性リスクを指摘した。為替経済性リスクとは、今回の円安の例で考えると、リーマンショック後の円高時に製造コストの観点から海外生産拠点を設けて、国内の生産ラインを海外に移転したのに、今回のように急激に円安に転じ、製造コストが逆転してしまう、といったようなリスクだ。しかし、企業は一度海外移転したものを容易に国内生産に回帰することは難しい。

アベノミクスの円安の際にも国内回帰の話が出た。菊池（2018）によれば、アベノミクス始動後に日本の製造業を取り巻く環境は大きく改善し、一部で企業の立地や投資に「国内回帰」と見られる動きも出てきたそうだ。当時の国内回帰の特徴として、菊池（2018）では以下3点が挙げられている。第1に、円安による輸出競争力の改善である。背景には、新興国の趨勢的な賃金上昇や、日銀の異次元金融緩和による円安で生産コスト格差が是正されつつあることが挙げられる。第2に、インバウンド需要による国内消費市場規模の拡大である。第3に、自動化と技術・研究開発の強化により、価格競争に耐えうる量産体制を築くことが可能になったことである。ただし、こうした国内回帰に一層の進展はなく、その理由として経営者が生産拠点の立地に際して最も重視するのは、最終需要の規模と成長性、およびその所在場所であり、人件費や為替変動、貿易環境などは、あくまで副次的要因であると菊池（2018）では指摘している。

32　政府は２０１３年に「日本再興戦略」（いわゆる成長戦略）において、対内直接投資残高を２０２０年までに35兆円にまで拡大することを目標に掲げ、２０２０年12月末に39・７兆円を達成した。現在は「対日直接投資促進戦略」（２０２１年６月の対日直接投資推進会議決定）において、２０３０年における対日直接投資残高を80兆円へ倍増させるという目標が掲げられている。

安全保障面からも国内回帰に注目

以上をもとに、今回の円安局面を考えてみよう。第1の円安による輸出競争力の改善という条件は十分整っている。第5章で示したように、現在の円安はアベノミクス時以上に実質実効為替レートベースで円安水準にあり、その他諸国との比較でも対外競争力が強くなっている（業種ごとに差はあるが）。第2のインバウンドという条件は、現時点では整っていない。第3の条件については、製造工程でのAＩや自動化導入は当時よりもさらに進展していると考えられる。さらに、今回の円安局面で国内回帰を後押しする背景として、中国のロックダウンによる供給網の断絶やロシア・ウクライナ危機でクローズアップされた経済安全保障意識の高まりがある。

朝日新聞の記事「工場が続々と国内回帰　円安だけではないその理由」（2022年8月25日）によると、以下の企業が国内回帰や国内増強を発表している。

- ＳＵＢＡＲＵ：電気自動車の専用工場を新設

・マツダ：国内での部品生産を増やす方針。部品メーカーに国内での在庫保管を要請
・パナソニック　ホールディングス：スティック掃除機の生産を中国から国内に
・JVCケンウッド：国内向けカーナビの生産を国内に
・セイコーエプソン：産業用スカラロボットの国際生産を増強
・アイリスオーヤマ：同社で国内最大規模となる家電工場を岡山県に建設
・SUMCO：半導体基板材料の新工場を佐賀県に建設
・ルネサス　エレクトロニクス：閉鎖した山梨工場を再稼働方針
・キオクシアホールディングス：岩手県北上市に新たな製造棟建設
・資生堂：この3年で国内工場を2倍の6カ所に増強
・ワールド：主に百貨店で販売する高価格帯の衣料品を国内生産に

また、日本経済新聞の記事「24年ぶり円安、企業が国内回帰姿勢　日立は家電の輸出増」（9月2日）によれば、日立製作所が国内で製造する白物家電の輸出の割合を増やす方針があるとし、従来は国内生産の家電のうち輸出に回す割合は6～7％だったが、これを202

3年3月期には1割超を引き上げると報じている。日本製品の人気が高まっている中国と台湾の富裕層向けに、高機能の洗濯機や冷蔵庫、掃除機を輸出する。また、ワタミも焼き肉店で使う一部の牛肉を国産に切り替え、国内の生産者からの仕入れ拡大に動いているそうだ。

ただし、こうした動きはあくまでそれぞれの企業の特徴に依存する。東京商工リサーチ（2022年8月22公開）が2022年8月1日から9日に実施した企業活動への影響に関するアンケート調査結果によると、「原材料は部品の円滑な調達に向けて、現在どのような対応策を取っている（取る予定）ですか？（複数回答）」という質問に対して最も多いのは「調達先の分散」で46・6％（2032社）であり、「生産拠点の変更（国内回帰）」と回答した企業は全体の3・1％（135社）のみであり、135社の内訳は大企業が33社、中小企業が102社とさほど多くはなかった。[33]

2、3年かけて国内回帰が生じるか

崎山（2022）は、過去の例では円安に2～3年遅れて国内回帰が生じる傾向があり、今回も遅れて回帰が生じる可能性があることを指摘している。また、経済安全保障も回帰の誘因となるが、その一方で災害の多い日本よりも海外への分散が重要との考え方もあることを指摘もしている。今回の行き過ぎた円安は、コロナ禍での部品不足問題などの供給制約や資源高による輸送コストの上昇という条件と重なり、アベノミクス時以上に国内回帰を促進する可能性があるかもしれない。資生堂や日立のように、国内生産による品質の高さをブランド価値としてさらにアピールするという戦略の下に代表ブランドの主力のスキンケア製品をほぼすべて国内生産としたり、高級白物家電を輸出品として製造するという動きは、日本国内の製造業をより競争力のあるものに特化していく成長戦略に直結することになる。円安を契機として、空洞化が進んだ日本の製造業を海外生産から部分的に取り戻し、国内の輸出品においてより差別化された財のシェアが高まることが期待される。

33　東京商工リサーチのアンケート調査の回答企業数は全企業4352社（大企業624社、中小企業3728社）であり、サイズ別に割合を算出し直すと、国内回帰と回答した企業の割合は大企業5・3%、中小企業2・7%となる。

5　円建て決済を政策的に進める余地

ドル建て選択の合成の誤謬

　ロシアは、今回の欧米による経済・金融制裁の中でルーブルをうまく活用しており、自国通貨建てが経済安全保障の点でも重要な意味を持っていることを世界に示した。ロシア・ウクライナ危機後に国際銀行間通信協会（ＳＷＩＦＴ）から排除されるなどの金融制裁を受け、一時的にルーブルが急落したときにも、資源輸出相手国にルーブル建てを要求し、国内輸出業者に輸出で手に入れたドルを売ってルーブルに替えるように指示を出すことで、ルーブルの急落をしのいだ。ひるがえって、日本の世界経済におけるステータスが上昇していた１９８０年代に日本政府は「円の国際化」の旗印は揚げたものの、政策的な誘導もせずに企業行動に任せた結果として、第４章でも示したように、円建て貿易比率は現在も低いままである。もちろん、それぞれの企業が自らの合理的な選択としてドル建てを使用しているのだから、とやかく言う問題ではないのかもしれない。しかし、各企業はそれぞれの利益最大化のためにドル建てを採用していて、円安で過去最大の業績を記録したとしても、国全体として富が増えていないのなら、これこそまさに合成の誤謬だ。

「悪い円安」を招いた原因

今回の円安のデメリットが大きかったのは、貿易取引の決済通貨で円の割合が低いためである。特に、輸入サイドで貿易額の大きい米国や産油国との建値通貨がほぼドル建てで行われている点については何らかの改善が必要となるかもしれない。清水、他（2021）のアンケート調査結果によると、日本は中東諸国向けの輸出では円建てを使っている割合が高い。ということは、輸入相手は日本に支払う分の円が必要となるわけだから、その分を日本が中東から原油を輸入する際に円建てで支払ってもいいのではないか。第4章で示したように、日本と欧州間の貿易はお互いに輸出時に相手国通貨建てを使っている。これと同じように、日本と米国間の貿易でももう少し円建てを増やす手立てはないのだろうか。

日本でも、半導体製造装置を手がける東京エレクトロンが、輸出取引をほぼすべて円建て決済にしている。費用のかかる研究・開発を日本で行っており、為替リスクを回避するためであり、貿易を始める際に円建てを主張したそうだ。貿易建値通貨選択の先行研究によれば、競争力のある差別化された財であるほど、自国通貨建てを選択できるという。前節で示した国内回帰を進めている企業の一部は、競争力のある財、メイド・イン・ジャパンが付加価値となるような財の国内生産回帰を進めているという。それならば、それらを日本から輸出する際にはぜひ円建てでの輸出を交渉していただきたい。

円建てを増やす好機

今はアジア通貨を含む日本の貿易相手国ほぼすべてに対して円安が進んでいる。言い換えると、彼らにとって円を調達することは従来よりもコストがかからない。少なくとも輸出で円建てをお願いしても、彼らにとってはさほど悪い条件ではないはずである。長期的に見れば今後また円高になる可能性もある。そういった為替変動リスクを避ける点でも、現在のような円安で、相手国が円を安く入手でき、円建て輸出を交渉しやすい時期に円建てを増やしておくことは、将来の円高対策としても重要だ。特にアジア各国においては、アジアの現地通貨建て取引の促進を手伝うとともに、そのバーターとして円建てのシェアを増やすことは、アジアにおける過度なドル依存を緩和させることにも役立つだろう。

むすびにかえて

財務省が2022年9月1日に発表した4～6月期の法人企業統計は、金融・保険業を除く全産業の経常利益が前年同期比17・6%増の28兆3181億円となり、四半期では統計をとり始めた1954年以降で過去最大となった。同日夜のニューヨーク市場で、24年ぶりに1ドルが140円台になったとニュース速報が流れた。日本企業の経常利益が最大となったのに、なぜ世界の人々は円を売るのだろうか。これほど短期間に対外的な円の価値が変わるのはもしかするとプラザ合意以来かもしれない。この円安は日本経済にとってプラスなのか、マイナスなのか。これはもう少し先になってから再検証すべきだろう。今重要なことは、当面定着しそうな円安をこれからどう自分たちの生活や経済にプラスに生かしていくかを皆で議論することだ。

最後に、今政府が行っているガソリンや小麦輸入に対する補助金政策について一言いいたい。資源高や一次産品価格の上昇が人々の生活必需品である場合に、その負担を和らげる政策は短期的には必要だが、中長期な視点では望ましくない。本来であれば、その価格の高騰を受けて人々が消費量を減らす、節約する、あるいは代替材を探す、ライフスタイルを変えるなど工夫をする行動をとるはずであり、そうした行為をいつまでも妨げてはいけない。

行き過ぎた円安是正のために、日銀の大規模な金融緩和を修正すべきだとの声も今後さらに強まる恐れがあるが、それをマスコミが煽るのも間違いだ。日本は変動相場制の下で資本移動を認めている以上、為替変動は当然である。金融政策で為替を操作しようとすれば、市場にゆがみをもたらし、市場の信頼を失って金融危機を招きかねない。仮に日銀が少し金利を引き上げたとしても、米金利との差が2％以上あっては、ドル売り持ちのコストを考慮すれば当面の円安の流れは変わらないだろう。

資源価格の高騰や金融政策の違いによる金利差拡大を背景として急激な円安に見舞われた日本には、現時点ではさらなる円安を食い止める有効な政策手段はない。短期的には円安のプラス面を活用するには、インバウンド（訪日外国人の消費）を取り戻して、国内需要を押し上げるのが最も効果的と考えられるも、新型コロナウイルスの第7波の感染拡大以降、かって爆買いをした中国人観光客を本格的に迎え入れることができるようになるのはもう少し先の話になるのかもしれない。それならば、円安は日本の製造業を構造的に再構築する良い機会だと考えて、円安のプラス面を生かす中長期的な視野に立った政策を皆で立案してはどうか。その場限りの対応に追われるのではなく、中長期的な円安日本の再生ビジョンを示し、それが世界の投資家に受け入れられれば、自然と円安圧力もおさまるかもしれない。

清水順子（2004）「覆面介入はなぜ行われるのか？―ポートフォリオ・バランス・チャネルによる考察」日本金融学会2004年秋季大会報告.

清水順子、伊藤隆敏、鯉渕賢、佐藤清隆（2021）『日本企業の為替リスク管理 通貨選択の合理性・戦略・パズル』日本経済新聞出版.

清水順子、大野早苗、松原聖、川﨑健太郎（2016）『徹底解説国際金融―理論から実践まで』日本評論社.

清水順子、佐藤清隆（2014）「アベノミクスと円安、貿易赤字、日本の輸出競争力」RIETI ディスカッションペーパー 14-J-022.

BEENOS（2022）プレスリリース「～越境EC導入企業に聞いた、活用と課題の実態調査～　今後も『越境ECを継続したい』と84％が回答。その理由は『販路拡大』」2022/05/24.（https://beenos.com/news-center/detail/20220523_bcr_pr/）

葭中 孝、石本琢（2019）「日本における対内直接投資の動向」財務省　広報誌「ファイナンス」.（https://www.mof.go.jp/public_relations/finance/201910/201910n.pdf）

東京商工リサーチ（2022）「『調達遅れ』74.3％、『価格転嫁できていない』48.5％～原材料・資材の『調達難・コスト上昇に関するアンケート』調査～」2022/8/22.（https://www.tsr-net.co.jp/news/analysis/20220822_01.html）

内閣府（2022）「日本経済2021－2022―成長と分配の好循環実現に向けて―」2022年4月.（https://www5.cao.go.jp/keizai3/2021/0207nk/index.html）

棚瀬順哉（2020）『国際収支の基礎・理論・諸問題―政策へのインプリケーションおよび為替レートとの関係』財経詳報社

上野剛志（2022）「円買い為替介入の可能性を考える～過去の振り返りと今後のハードル」ニッセイ基礎研究所レポート．（https://www.nli-research.co.jp/report/detail/id=70782?pno=2&site=nli）

小川英治（2022）「円安を読む～産業別実効為替レートとAMU乖離指標から見る円安」RIETIコラム．（https://www.rieti.go.jp/jp/columns/a01_0698.html）

木内登英（2022）「日銀は円安進行にどう対応すべきか」NRIコラム．（https://www.nri.com/jp/knowledge/blog/lst/2022/fis/kiuchi/0719_3）

菊地秀朗（2018）「製造業の『国内回帰』に過度な期待は禁物－国内市場の底上げこそ肝要」日本総研 Research Focus No.2017-034.（https://www.jri.co.jp/MediaLibrary/file/report/researchfocus/pdf/10327.pdf）

清田耕造（2021）「日本の魅力は最下位？」RIETI新春特別コラム：2021年の日本経済を読む～コロナ危機を日本経済の再生のチャンスに、経済産業研究所（RIETI）．（https://www.rieti.go.jp/jp/columns/s21_0008.html）

熊野英生（2022）「ウィズ・コロナのサービス産業の激変～第三次産業活動指数の変化～」 第一生命経済研究所　経済レポート（Trends）2022/8/10.（https://www.dlri.co.jp/report/macro/200683.html）

経済産業省（2022）「令和３年度　電子商取引に関する市場調査報告書」2022/8/12.（https://www.meti.go.jp/press/2022/08/20220812005/20220812005-h.pdfl）

崎山公希（2022）「円安や経済安保で国内回帰は進むのか」DBJ Research No.375-1. 2022/8/1.（https://www.dbj.jp/upload/investigate/docs/b4aa2265fe4bb0645f7e33f2880f2304.pdf）

Exporters," *International Journal of Finance and Economics,* 17 (4), pp.305–320.

Ito, Takatoshi, Satoshi Koibuchi, Kiyotaka Sato and Junko Shimizu (2018) *Managing Currency Risk: How Japanese Firms Choose Invoicing Currency,* Edward Elgar Publishing.

Osler, Carol and Vitaliy Vandrovych (2009) "Hedge Funds and the Origins of Private Information in Currency Markets," presented at the Third Annual Microstructure Workshop, Emerging Markets Group, Cass Business School, London, May 1, 2009.

Sato, Kiyotaka, Junko Shimizu, Nagendra Shrestha and Shajuan Zhang (2013) "Industry-specific Real Effective Exchange Rates and Export Price Competitiveness: The Cases of Japan, China and Korea," *Asian Economic Policy Review,* 8 (2), pp.298-321.

Sato, Kiyotaka, Junko Shimizu, Nagendra Shrestha and Shajuan Zhang (2015) "Industry-specific Real Effective Exchange Rates in Asia," *RIETI Discussion Paper,* 15-E-036.

伊藤隆敏、鯉渕賢、佐藤清隆、清水順子、吉見太洋 (2019)「日本企業の為替リスク管理とインボイス通貨選択　平成 30 年度日本企業の海外現地法人アンケート調査結果概要」RIETI ディスカッションペーパー 19-J-042.

伊藤雄一郎、稲場広記、尾崎直子、関根敏隆 (2011)「実質実効為替レートについて」J-1 2011 年 2 月調査統計局 2 日本銀行 2011 年 2 月 .

週刊ダイヤモンド編集部 (2016)「【マツダ】円安局面でも恩恵なき皮肉 海外生産拡大後の為替感応度」DIAMOND online (https://diamond.jp/articles/-/85728)

参 考 文 献

Boz, Emine, Gita Gopinath and Mikkel Plagborg-Møller (2017) "Global Trade and the Dollar," *NBER Working Paper Series*, No.23988.

Boz, Emine, Gita Gopinath and Mikkel Plagborg-Møller (2018) "Dollar Invoicing and the Heterogeneity of Exchange Rate Pass-Through," Paper presented at the annual meeting of ASSA on January 4, 2019.

Dominguez, Kathryn M. and Jeffrey A. Frankel (1993) "Does Foreign Exchange Intervention Matter? The Portfolio Effect," *American Economic Review*. 83, pp.1356-1369.

Evans, Martin D. D. and Richard K. Lyons (2001) "Portfolio Balance, Price Impact, and Secret Intervention," *NBER working paper* 8356.

Evans, Martin D. D. and Richard K. Lyons (2005) "Understanding Order Flow," *NBER Working Paper* No. w11748.

Grassman, Sven (1973) "A Fundamental Symmetry in International Payments," *Journal of International Economics*, Vol.3, Issue 2, pp.105-116.

Ito, Takatoshi (2003) "Is Foreign Exchange Intervention Effective? The Japanese Experience in the 1990s," in Paul Mizen (ed.) *Monetary History, Exchange Rates and Financial Markets*, Chapter 5, Edward Elgar, pp.126-153.

Ito, Takatoshi, Satoshi Koibuchi, Kiyotaka Sato and Junko Shimizu (2012) "The Choice of an Invoicing Currency by Globally Operating Firms: A Firm-Level Analysis of Japanese

清水順子 しみず・じゅんこ

学習院大学経済学部教授。一橋大学経済学部卒業後、チェースマンハッタン銀行東京支店、日本興業銀行ロンドン支店、モルガンスタンレー東京支店勤務などを経て、一橋大学大学院商学研究科入学、商学博士（一橋大学）。明海大学経済学部准教授、専修大学商学部准教授を経て、現在に至る。財務省関税・外国為替等審議会会長、財務総合研究所特別研究官を務める。著書に『Managing Currency Risk: How Japanese Firms Choose Invoicing Currency』伊藤隆敏・鯉渕賢・佐藤清隆・清水順子著（2018年、Edward Elgar Publishing 第62回日経・経済図書文化賞受賞）など。

日経プレミアシリーズ｜486

悪《わる》い円《えん》安《やす》　良《よ》い円《えん》安《やす》

二〇二二年一一月八日　一刷

著者　清水順子
発行者　國分正哉
発行　株式会社日経BP
日本経済新聞出版
発売　株式会社日経BPマーケティング
〒一〇五―八三〇八
東京都港区虎ノ門四―三―一二

装幀　ベターデイズ
組版　朝日メディアインターナショナル
印刷・製本　中央精版印刷株式会社

ISBN 978-4-296-11562-4 Printed in Japan

日経プレミアシリーズ 483

どうすれば日本人の賃金は上がるのか

野口悠紀雄

いまや、他の先進国と比べて、賃金の安い国となった日本。「物価は上がるのに、賃金が上がらない」現状は、私たちの生活をじわじわと追い詰めている。どうすれば、この状況から脱することができるのか？　独自のデータ分析によって長期的な賃金停滞の根本原因を明らかにし、日本経済の再活性化のためにいま本当に必要な施策は何かを考える。

日経プレミアシリーズ 453

安いニッポン「価格」が示す停滞

中藤 玲

日本のディズニーランドの入園料は実は世界で最安値水準、港区の年平均所得1200万円はサンフランシスコでは「低所得」に当たる……いつしか物価も給与も「安い国」となりつつある日本。30年間の停滞から脱却する糸口はどこにあるのか。掲載と同時にSNSで爆発的な話題を呼んだ日本経済新聞記事をベースに、担当記者が取材を重ね書き下ろした、渾身の新書版。

日経プレミアシリーズ 481

「強い円」はどこへ行ったのか

唐鎌大輔

50年ぶりの円安水準に直面した日本経済。「日本が売られているのだ」「国内外の金利差が原因で政策の問題だ」「これは悪い円安だ！」――様々な議論が交錯するが、本当は何が起きているのか？人気アナリストが背景にある構造要因を冷静に分析、将来に向け捉えるべき課題を整理する。